大夏书系·语文之道

让课堂说话 2

朱煜作文教学策略与实践

朱煜 —— 著

华东师范大学出版社
ECNUP
全国百佳图书出版单位
·上海·

目 录
Contents

001 / 代序："抄抄"也无妨

上编　如是我思

003 / 让学生的心灵获得自由

007 / 会读才会写

012 / 作文课教什么

015 / 课内习作与课外习作

019 / 用好范文

022 / 文章是改出来的

026 / 评价的作用

032 / 找到助手

035 / 小学作文分段互动教学初探

中编　如是我讲

051 / 讲故事教作文

下编　如是我教

079 /《猫和老鼠》课堂实录

095 /《我喜爱的一种玩具》课堂实录

101 /《这儿真美》课堂实录

109 /《写信》课堂实录

120 /《我的动物朋友》课堂实录

131 /《我做成了（　　）》课堂实录

143 /《味道好极了》课堂实录

156 /《引人入胜的书》课堂实录

175 /《介绍一种事物》课堂实录

184 /《已死的母熊》课堂实录

197 / 跋

代序:
"抄抄"也无妨

　　周作人先生有一段时期写文章喜欢大段大段引用别人的文章。一些人说他是"文抄公"(他自己也说过自己是"文抄公"),而另一些人则认为他创造了"一种前无古人后亦未必有来者的文体"。双方多有争论。我是后一种说法的信徒。周作人先生的这类文章都是精心之作——所引文章的文字与意思得是他喜欢的,还要加上评语,并与引文浑然无碍。如引外国书,他就将要用的部分自己翻译过来。说得清楚些,他是借别人的嘴说自己的话。如下面这段:

　　《蕉轩摭录》卷十二《松花》条下云,"吾乡每于春服既成后,入山采松花作粉,色黄味甘,咽之他物无其美也。"案《越谚》卷中《饮食部》中有松花粉,注云,"山松春花,黄细如粉,樵采,入面粉,清香仙家味。"松花粉平常多和入米粉中为糕干,名曰松花糕干,又糕店作小麻糍如鸡子大,中裹糖馅,外涂松花,名曰松花小鸡,小儿甚喜食之……

　　老先生抄书抄到了人我一体的境界,真叫喜欢写写文章的后人既羡慕又无奈,也只好"虽不能至,然心向往之"了。
　　说到抄书抄文章,忽然想起一件事。那次我到大理旅游,刚到洱海的码头边,周围就挤过来几个兜售地图、帽子和太阳眼镜的妇女,正要脱身离开,突然耳边传来一句"买张地图吧,回家可以写作文"。我以为自己听错了,又侧耳细听。没错。那妇人正对着一个小学生重复那句话。地图与作文有什么关系? 我好奇地上前询问。"地图上有不少关于大理洱海的介绍，写作文的时候不是正好可以用吗？"原来如此。虽然我不需要写作文，但为了游览方便就买了一张，打开一看，真有不少介绍，文字也算简洁得体，如写洱海：

洱海，因湖形似人耳，气势如大海而得名。面积约251平方公里，海拔1972米，为我国七大淡水湖之一。洱海湖与点苍山积雪相映，有"青洱银苍"之誉。当皎洁的月光倒映在清澈的湖水之中，则称为"洱海月"，是大理四大美景之一。

那妇女还说自己曾是小学教师，真假不去管，但她前面的话我以为还是有道理的。

小学生写作文最怕两条：一是无话可写，二是有话不知如何写。无话可写，好办，引导他们去观察，去体验，去经历。只要引导得当，孩子（特别是低年级的孩子）能很快找到材料。如果起步时好好培养，养成观察、记录的习惯，今后写起作文来就会很轻松。而有话不知如何写，是因为孩子缺少必要的语言积累，看着眼前的事物、风景不会表达。两者相比，后者更容易破坏小学生学习作文的积极性。解决的办法呢——多读书，而且最好有人能认真指导。如果读完再组织一些交流活动，则效果更佳。同样，读书的习惯也是培养得越早，效果越好。

不过有时我们也会遇到这种情况，一个刚到你班里的四年级或者五年级的学生，出于种种原因造成语言积累少得可怜，语言感觉败坏，写作兴趣和应有的好习惯全无。一写作文就苦恼不堪，即使写也是句子不通，错字连篇，不知所云。真是既不知道写什么也不知道怎么写。这时该怎么办？我想，只有"抄"是最可行的权宜之计了。一方面，从心理上讲，让这样的学生"抄"一篇作文，完成一次他无法独立完成的作业，是一种轻松，一种解脱。烦躁不快的情绪到此结束，不至于影响其他作业的完成。另一方面，这样的孩子往往没有阅读的习惯，与其给一本书让他自己读不如为他选一篇好文章让他"抄"一"抄"，然后再大声地读几遍，或者选一点文中的好句子背一背（数量上由少到多循序渐进），由此来达到积累语言和培养习惯的目的。这样的练习如能经常进行，孩子就能赶上来。

　　对作文基础好的孩子而言，有时在文章里抄引一些别人的句子，教师也应该宽容地看待。孩子想要抄引些好句子，无非是觉得别人的话说得好，引过来可以为自己的作文增色，或者因为有些话自己说不清，借别人的嘴来说。这有何不可。孩子终究是孩子，过分的要求是会影响其学习积极性的。

　　"抄"别人的作文在有些人的眼中如同洪水猛兽。其实大可不必，我是将其视作一种特殊的学习方法的。关键要看到"抄"不是目的，而是手段，所以问题不在能不能"抄"，而在于不能一"抄"了之。不管哪种"抄"，教师都应该积极做好后续的交流、点拨、启发、引导，并多加鼓励，使学生获得良好的作文心理机制，敏锐的语感，内化更多的语汇，感受到作文的乐趣，而不是抄袭的恶习。

　　试想，那个洱海边的小学生在作文本上留下了游览的足迹，当老师表扬他善于摘引句段，使读者也有了去洱海看看的冲动的时候，他的心中将会弥漫着一种怎样的激情啊！

2003 年 6 月 29 日

上编　如是我思

让学生的心灵获得自由

当小学生写不出作文或者写不好作文时，教师总是习惯性地从教写作方法入手，总希望教会方法后，学生就能不怕写作文。小学阶段的作文方法不多，也简单。比如，要写出人物的细节，要按照事情的先后发展顺序写一件事，要抓住景物各方面的情况写出特点，等等。可问题是，老师苦口婆心的方法讲述在学生耳中成了碎碎念，其效果非常有限。那么，除了教写作方法，还有别的办法吗？有的。先请读者诸君看下面的学生习作。

可爱的妞妞

妞妞是一只可爱的棕色小狗，身体小巧，一双水汪汪的大眼睛炯炯有神，整天跳来跳去，活力满满。它有一个爱好——捉猫。

主人带妞妞出门溜达，妞妞跑前跑后，兴奋极了。这时，一位精神焕发、帅气的男老师抱着自己的小黄猫神气地走了过来。妞妞见到猫，一激动，"汪汪汪"连叫三声，接着向那只小黄猫冲过去。小黄猫吓坏了，从男老师的怀里挣脱出来撒腿就跑。妞妞穷追不舍。"布丁，快回来！"男老师喊着。"妞妞，快回来！"妞妞的主人也喊着。可布丁和妞妞根本听不进去。布丁只顾跑，妞妞只顾追。这时，布丁发现五十米远的地方有一只皮靴，于是它用最快的速度奔向那只皮靴，"噌"地蹿了进去，蜷起身子躲起来。妞妞哪里肯放过它。它咬住鞋带用力地又拖又拉。布丁在里面吓得直哆嗦，轻轻地"喵喵"叫。妞妞耳朵尖，听到这声音后，它拖得更凶了。

妞妞的主人感到十分抱歉，对男老师说："朱老师，对不起，把您家的布丁吓着了。"

"没关系的，徐小卜，狗就是喜欢捉猫嘛！"男老师温和地说。

"可现在妞妞根本不消停，我们得消除它们的矛盾。"妞妞的主人想了想，就跑开了。不一会儿，她拿来一根香肠，剥开了包装纸，香肠顿时散发出一阵香味。妞妞闻了这味儿，立即停止了拖拽，跑过来吃香肠。男老师也赶快把布丁抱了起来。妞妞吃饱后，徐小卜也抱起了妞妞，和男老师说了声"再见"，就回家了。男老师也抱着布丁离开了。

这是我们班一位同学在五年级时根据上面的图，写出的想象作文。估计你看到一半，就猜出妞妞的主人就是这篇作文的作者，文中那位男老师就是我。小作者胆子真大，居然把自己的老师写进了故事里。作为小作者的语文老师，读到这个故事，我很开心。我给她写了这样的评语：故事非常有趣。谢谢你写到了布丁。

能大胆地写出自己的见闻感受，非常重要。大胆写，没有羁绊，真情实感就能流露出来。小作者没有顾虑地把我和布丁编进她的故事，写的时候她是愉快的。当我请她把故事念给全班同学听时，她是自豪的。有了这些美妙的情感体验，怎么可能不喜欢写作文呢？

所以，想让学生学会写作文，喜欢写作文，就必须先让他们的心灵获得自由。心灵自由，看似有些虚无缥缈，其实直截了当地说，就是别让孩子害怕、担心，要让他们说自己想说的，写自己想写的。如果面对作文题，学生顾虑重重，满脑子想的是这个材料老师会不会觉得立意不高，那个材料是不是可以达到限定的字数，那么写作文就是巨大的负担，甚至是苦役。

如何才能让学生不害怕不忧虑呢？第一，指导学生写作文时，不要过分强调字数要求。即便是成年人，写文章前，如果有人告诉你，必须写到五千字一万字，心里也会有压力。而且在正常的情况下，经过老师的指导，绝大部分学生都可以达到规定的字数。如果大部分学生都做不到，那就说明指导有问题。第二，教师要善于从学生的习作中发现童趣，并且要让学生清楚地知道，老师感受到了他们笔下的趣味，而且很喜欢。比如下面这篇习作——

问作业

一天下午，我去同学小王家问语文小练笔的作业要求。小王对我说："没有要求，题目自己定。""但是我没有拿到本子呀！"我说道。"那就拿一本新的呗。"小王说。

那时，小王正在做仰卧起坐。我说："我看你做一会儿再走。""好呀！"小王说。他的爸爸一声令下："开始！"小王双手抱头，飞快地做了起来。我问他："你要做几个？"他轻松地说："五十个。"我竖起大拇指说："你真牛。"一眨眼的功夫，小王就做完了。

刚做完，小王想吃东西。他问我："要不要来块华夫饼干？""好的。"我说。虽然我表面上说好，其实有点不好意思，去别人家问个作业还要吃人家的东西。吃完了饼干，小王打开电视，自己坐在健身器上，又锻炼了一会儿。他爸爸看了一下时间说："可以了。"可小王却说："不行！还没到规定的时间呢。"他们就这样你一句我一句地说来说去，后来还吵起来了。而我则坐在旁边看电视。

不一会儿，我突然想起来，现在几点了？我走到闹钟前一看，已经超过五点了。我赶紧跟小王和他爸爸道别，急匆匆地跑回家。走进家门一看表，啊！已经五点半了。我的作业还没有做！

乍一看，好像文不对题。只有第一个自然段写了问作业，其他的都与题目无关。但是，我读完这篇作文却觉得很有趣。在作文中，我看到了一个孩子日常的真实样貌：问作业，吃东西，闲聊天。因为问作业，结果忘了做作业。全文大部分内容都是因问作业而引发的。我在班级里分享了这篇作文，并给予很高的评价。同学们都觉得好玩，小王因为自己被写入作文而兴奋。小作者更是满足、愉快。他明白老师不喜欢小孩学说大人话，小学生的作文里就应该有小学生独有的生活气息。老师喜欢他在作文里真实地展示自己。之后，他愈发喜欢写作文了，而且佳作连连。如果面对这篇作文，写上"偏题"两字，发回重写，那么除了得到一份四平八稳的习作，其他的就全都失去了。

教师是成年人，要真正站在儿童的角度体会他们的见闻感受，发现趣味，这并不容易。如果从这个专业角度出发，可以把教师分成三个层次：第一个层次的教师，完全是成人立场。他们会说、会写"以生为本"，但心里没有儿童，甚至始终觉得自己比儿童高一等，自己的工作只是向儿童传授知识。第二个层次的教师，心里想到过儿童，但是因为缺少专业方法，走不近儿童，只能游离于儿童世界之外。这部分老师是最多的。第三个层次的教师，有强烈的儿童意识，并且有方法走进儿童世界，理解儿童，让儿童把他们当成"自己人"。在与儿童的交往过程中，他们能适切地帮助儿童成长，同时自己也获得精神成长。

虽然不容易，可我们不能退缩，只能向着最高层不断努力奋进。只要每天怀着一片赤忱面对学生，用心倾听他们的心声，留心观察他们的举动，站在他们的角度品味他们的喜怒哀乐，然后用专业的方式化解各种难题，师生共同成长是完全可以做到的。

会读才会写

　　经常有家长问我，孩子很喜欢看课外书，为什么一到写作文，还是觉得很困难呢？不是说，多读就会写吗？其实，多读不一定就会写。要想会写，一定先要会读。我一直有个观点，作文教学中百分之七十的问题是阅读教学不到位而造成的。而会读的问题正应该在阅读课上解决。

　　在阅读课上，教师带着学生学习一篇一篇课文，除了让学生了解课文的主要内容和中心思想外，更要引导学生理解作者的表达形式及其作用。表达形式是指作者为了更好地表情达意所采用的独特的遣词造句、谋局部篇的方法。因此，低年级的阅读教学应以字词句为主，在模仿中学习基本与规范的短语和句式。中年级的阅读教学应以段的教学为抓手，让学生体会句子之间的关系，学习基本的段落形式，初步建立篇的概念。高年级的阅读教学则要从整体入手，探寻作者的行文思路，感悟作者选材组材和遣词造句的匠心。

　　小学生拿到一篇课文，首先关注的一定是主要内容，经过老师点拨后，会体会文章的中心思想。如果教师不引导，他们是不会从表达形式的角度去阅读的。所以教师必须从表达形式入手，设计学习活动，让学生明白作者是怎么写的，那样写有什么好处。这样，学生对内容的理解就不会停留在表面，在读懂内容的同时，还会积累下词汇句式和写作方法。这就是学会读。随着一篇一篇课文的学习，在具体语境中习得的写作方法会逐渐内化，学生一旦被合适的经历触发表达欲望时，原先积累下来的表达方法就会自动呈现出来。部分学生还能创造出独特的表达方式表达自己的思想情感。所以，如果阅读教学做到位，一般情况下，学生是不会心中有话，却不知该怎么说的。

有些小学生读得多读得快，但因为都是浏览性阅读，所以留在脑海里的只有故事情节，时间一长，可能连故事情节也会忘记。这样当然对写作文没有帮助。在阅读中关注作者的表达方式，这是一种深度阅读，是需要学习、训练才能获得的阅读能力。教师首先要学会深度阅读，然后再根据文本特点和学习目标，设计基于深度阅读又符合学生学习规律的学习活动。接着进行长期的阅读训练，才能让学生逐步养成深度阅读的习惯。如果在阅读训练中，能使作者的写作思路、教师的教学思路、学生的学习思路合"三"为一，那么学生将获得优异的阅读思维品质。

2003 年"非典"肆虐期间，某天我在《文汇报》上读到作家毕淑敏的文章《假如我得了非典》。全文用排比段的形式写成，我觉得很好，就读给学生听。因为文章不难懂，所以读完之后没有做任何讲解。那个学期，我正好带毕业班。6 月，毕业考试中的作文题是《我想……》。没有想到全班几乎一半学生都用上了排比段的形式。其中有一个学生写得尤其好。

我想永远当小孩

不少童话书里都有这样的故事，某个小孩永远也不长大，他一辈子都可以当小孩。

童话毕竟是童话，愿意怎么编就怎么编，哪怕你说小猫可以变成人也没关系。而现实生活中则绝不会出现这样的事。可我，宁愿相信，我可以一辈子当小孩。

有时，我真的很怕长大，因为长大后，爸爸妈妈会逐渐衰老，直到死去。而我却实在不想失去他们。因此，我真想永远当个小孩，永远与爸爸妈妈在一起。听妈妈为我讲故事，跟爸爸一块儿打乒乓球。

有时，我真的很怕长大，因为长大后，我就要踏入社会，为生活四处奔波。当我受到上司责备时，也只能把眼泪往肚里咽，而后还要笑脸迎人。因此，我真想永远当个小孩，永远不用为吃喝发愁。当受到别人责备时，我可以向父母哭诉，不必把那份委屈憋在心里。

有时，我真的很怕长大，因为长大后，我就会像所有大人一样。为了一个科长的职位而勾心斗角，不惜花重金开后门，找关系。为了涨区区几百元的工资，甚至出卖好友。因此，我真想永远当个小孩。小孩的世界很纯洁，没有金钱地位的说法。在小孩的世界里，你会感受到一种十分真诚的友谊。

有时，我真的很怕长大。因为长大后，我也会有自己的小孩。从那以后，我就会整天忙碌，为孩子和家庭操心。不仅如此，我还要教育孩子，送他上学，监督他读书、做作业……然而即使如此，我能成为一个成功的母亲吗？因此，我真想永远当小孩，永远不为这一切操心。

尽管我十分希望能永远当小孩，然而幻想总是幻想，现实永远是现实。我终归会长大，会走上社会，会有属于自己的家庭与小孩……但不管如何，只要保持一颗童心，我就可以永远当"小孩"。

那年10月，我去广东开平讲课。我在台上读了这篇作文，台下坐着一千多位老师。读到"爸爸妈妈会逐渐衰老"时，我一下子哽咽了。因为前一年，我父亲去世了。小作者对生命的感悟扣动了我的心弦。

因为学生接受了数年的深度阅读训练，所以一篇好文章，只是听了一遍，他们就敏感地捕捉到文本的表达特点，并借鉴运用到自己的作文中。我想，这才是真正的读写结合。读了一个有些特点的文段，马上让学生依样画葫芦仿写，这是机械的读写结合。这种做法只注重了形式的模仿，但问题是形式背后的思想情感是无法模仿的。语言运用能力的学习与很多能力学习不同，它必须指向人的内心世界，机械地模仿语言表达形式是违背语言学习的本质属性的。所以，当教师引导学生体会到语言形式与内容之间的密切关联后，接下来能做的，就是复习和等待。只要之前真的教会学生阅读了，等待的时间就不会太长。

本学期，我又带毕业班。班中有个孩子一直说自己是个理科男，写作文不会铺陈，总是讲清楚就结束，写不生动。我鼓励他，你爱读书，又聪明，不要对自己过早定性，说不定突然在哪天就有灵感迸发，写得生动而引人。果然，前段时间，我指导学生写了统编教材里的命题作文《神奇的探险之旅》。那个孩子写完草稿，主动发给我看，要我提意见。我看了开头第一句话，就告诉他，我感受到了文学的味道。读完第一自然段，我恭喜他，不仅是个理科男，还有成为优秀文科生的天赋。

神奇的探险之旅

这是我们断水的第二个夜晚了……我在毯子里翻来覆去睡不着。毯子里很舒适，但干渴的喉咙不停地折磨着我。迷迷糊糊中，我看见带领我们来这里的李先生站起来往外走，手里还拿着什么东西。我想大喊，但喊不出来，只能眼睁睁地看着他消失在我的视线里……

那次，我和胆子很大的表哥组队，由经验丰富的探险爱好者李先生带领，去位于太平洋中的 X 小岛上的 Y 山洞里探险。据说那里发现了一种新的矿物。它比钢铁还要坚硬、比羽毛还要轻，延展性比金子还好，能承受住数千摄氏度的高温而不融化。我们此行的目的，就是来考证是否有这种矿物。如果有的话，最好带一块回去研究。

我们带足了一周的饮用水和食物，外加好几支手电筒，一个指南针——尽管在地下可能没什么用，还带上了一点绷带和药品，以及一把镐子。带着这么点简陋的装备，我们出发了。

行程的前两天，什么事也没有发生，但在第三天，我那个胆大鲁莽的表哥醒来时，摔了一跤。他这一摔，人倒没多大事，但问题是他负责看管我们的水杯！我的视线转移到了三个正"咕噜噜"飞速滚动的水杯上。不好！它们正在朝一块尖尖的石头滚去！我赶紧往前跑，但已经太迟了。"啪，啪，啪"三声清脆的响声响起，三个水杯撞在了石头的尖角上，全碎了！我踢了表哥一脚，愤怒至极："瞧你干的好事！！！是不是存心想渴死我们啊？！"表哥脸红了，蹲在地上，一副委屈的模样。我还想再打他两下解解气，还好李先生赶忙跑过来把我们俩拉开。他在平息了我的怒火之后，跟我们分析："从这里到洞口大约有两天的路程。我们没办法在缺水的情况下走出去，唯一的办法是往下。"他让我们细心聆听。我的耳朵捕捉到了一丝水声，恍然大悟。表哥也听到了，李先生就把我们从地上拉起来，踏上了第三天无望的旅程。

一开始我们还算顺利。我们在洞穴深处行进，水声越来越响。正当我准备松口气的时候，前面出现了一个急转弯。邪门的事情发生了：转过弯后，水声一下子就没有了！消失得无影无踪！就连探险经验丰富的李先生也皱起了眉头。怎么会这样呢？我们在附近搜索了一阵，一无所获。第三天就这样诡异地结束了。

第四天一大早，我们口干舌燥地醒来。这一天，可谓是糟糕透顶。我们搜遍了方圆五百米以内的山洞，仍然没有听到水声。我们身心疲惫地回到转角附近，一下子就睡着了。

半夜，我醒了，翻来覆去睡不着。我努力想进入梦乡，但干渴的喉咙不停地折磨着我。迷迷糊糊中，我看到李先生站起来往回走，手里还拿着什么东西。我想大喊，但喊不出来，只能眼睁睁地看着他消失在我的视线里。我开始胡思乱想起来。他是要离开了吗？还是找到水了？抑或是去求救？我的脑海里都是乱七八糟的问题。想着这些问题，我艰难地从被窝里蠕动出来。是的，你没有听错，我已经连路都快走不动了。表哥被我吵醒了，他含糊不清地问了我一声："嗯？"我艰难地举起手臂，往前指指。他明白了，就跟我一起缓缓前行。我在急转弯处听见了镐子敲击岩石的声音，看见李先生站在那里，手里拿着镐子，正在一下又一下地敲岩石。他敲得那样专注，以至于根本没注意到我们。表哥看看我，目光里满是疑问：他在干什么？接着，水声回答了表哥的问题。我和表哥狂喜地对视一眼，然后大口大口地喝起水来，以至于我们的肚皮差点儿被撑破了。

我们把装在密封袋里的食物取出来，在袋子里灌满水。我们就用这些"水袋"成功走出了山洞。不得不说，虽然这次探险没有达到目的，但我觉得，我从此多了一位生死之交。

小作者将平时从书中读到的，在电视里看到的知识、场景运用到自己创作的故事中。为了让自己的作品更具可读性，还用上了插叙的手法。在我的教学实践中，这样的案例不少。这两篇作文都不是老师教出来的，而是学生通过阅读，自己悟出来的。但"悟"的基础需要老师构筑，那就是教会他们深度阅读，然后提供广阔宽松的写作平台，不断鼓励他们拿起笔来写。

作文课教什么

通过深度阅读习得作者的写作方法，然后内化为自己的表达方式，使作文技法从概念变成学生的表达能力，这是学习作文最理想的状态。如果积累运用语言，学习作文技法等任务在阅读课完成了大半，那么作文课上应该教什么呢?

教会学生审题。教材中的作文题主要有两种：一种是命题或半命题，比如《我的乐园》《我的动物朋友》《那一刻，我长大了》《我学会了＿＿＿＿》等；另一种是给出主题，学生可自己命题，比如这样想象真有趣、形形色色的人、中国的世界文化遗产等。

教会审题的第一步是，确定该篇作文是写人记事、写景状物中的哪一种。写人，就是通过一件或多件事例，以及人物的细节描写，呈现人物的特点。记事，就是把一件事情的前因后果按照一定顺序介绍清楚。写景，就是按照一定的顺序介绍某个景致、环境的特点。状物，就是抓住事物各个方面的特点介绍清楚。学生比较容易混淆的是写人和记事两种文章。写人的文章，只要将人物特点说清楚即可，事例不需要记叙完整。而记事的文章，通常需要将事情的整个过程写完整。事件中的人物特点不需要重点刻画。除了以上四种文章，教材中还要求学生写应用文、游记等，在指导时，也应把体裁特点介绍到位，使学生明了。

教会审题的第二步是，找出题目中的关键词，以确定作文的对象、范围、重点。比如《我的动物朋友》中，关键词是"动物朋友"，写作对象当然是动物。而"朋友"一词则说明作文里应写出作者与动物和谐相处的情形，以及对动物的喜爱之情。这样的辨析看似简单，但对于学习基础不佳的学生是不可少的。

教会审题的第三步是，从题目看出时间、地点、人物、数量、事物等方面的限制。比如《我做了一项小实验》《介绍一种事物》，题目中都可看到数量方面的限制，不能多写。又如《我想对您说》，题目中的"您"规定了对象应是长辈。主题式的作文练习，作文题目可由学生自己定，教材编者对相关要求做了比较详细的说明，所以只要引导学生仔细阅读，就可以明白。

教会学生选材。对于小学生而言，选择合适的习作素材最是烦恼。因此，教材编者在每次习作指导中都用了较多的篇幅引导学生。比如《形形色色的人》的指导中，教材编者为学生提供了四个典型事例，供其参考。又如《奇妙的想象》的指导中，教材编者提供了七个题目，供学生选择。教师在引导学生学习选材时可以注意两个方面，首先，从题目未做限制的方面想开去。比如《我做了一项小实验》，题目中没有规定实验的地点和时间，我们从这个角度去想，就能找到更多的素材。其次，要从日常生活的细节中找材料。日常生活是最好的作文素材，但往往也是学生最容易忽视的。所以，教师平时与学生交往的过程中，要做一个有心人，留意他们的生活细节，帮助他们回顾生活细节中的趣味，使其养成关注、思考生活细节的习惯。

教会学生构思。小学生思维能力不强，作文中常有不严谨的地方。要解决这个问题，最好的方法是通过列提纲完善构思。很多小学生如果能找到作文素材，是不太愿意在写作之前编列提纲的，他们觉得那是多此一举。因此，教师要多花些时间引导其养成先列提纲再写作文的习惯。首先，要将编列提纲作为作文之前的规定动作。让学生知道，那不是可有可无的。其次，对于学生编写的提纲要多讲评，多鼓励，不要让其抵触。最后，鼓励学生用自己喜欢的方式编列提纲。我自己上阅读课时常常用各种形式的板书梳理文章线索，因此让学生编列提纲时，我会鼓励他们像我写板书那样编列有特色的作文提纲。一番实践下来，效果很好。

教会学生谋篇。小学阶段的谋篇是指处理好作文开头、结尾的关系，适当运用倒叙或者插叙的手法等，主要出现在高年级教学中。教学中，教师应该用小组合作、主题讨论等活泼的教学方式，让学生通过例文的比较分析，阅读涵泳，感受谋篇布局的方法和好处。

在我看来，以上几条是体现"本体性"的作文教学内容。（还有一条是修改，后有专文论及）也就是说，如果作文课中没有它们，那么就算不上是真正的作文课。不过要说明的是，它们也不应该机械地出现在每一节作文课中，而要根据教学目标和学生需求适切地安排。即便出现在课堂教学中，教师也要处理好教与学的时间比例。如果用两节作文课指导学生写一篇作文，那么八十分钟里最起码要拿出五十分钟用于学生习作、交流、修改、讲评。教师应努力让大部分学生在作文课中完成作文初稿，以此减轻学生习作的负担。

课内习作与课外习作

我把日常的习作练习分成课内习作和课外习作。

课内习作是指，根据教材中的习作要求完成的习作。统编教材每个单元都设有明确的阅读学习目标和口头、书面表达学习目标。而且同册单元之间，年级之间互有衔接、关联，知识点呈螺旋上升的态势。这是统编教材的特色之一。三至六年级的统编教材还特地编写了习作单元。每个习作单元中有两篇精读课文，教学时须指向写作，注重引导学生体会课文在表达上的特点，学习课文的表达方法。有两篇习作例文，起到范例作用，便于学生仿写。有"交流平台"，是对本单元学习的表达方法或要求进行梳理和提示。有"初试身手"，是提供一些片段练习或实践活动，让学生试着用学到的方法练一练。有"习作练习"，是学生在充分获得感性认识的基础上，运用一定的习作方法，进行习作练习。教材中的这些安排，使作文教学的开展更为系统，教学目标更加明确，学生习作能力的训练更加细致、扎实。

课外习作是指，学生自己选材定题目，或者学生根据教师编制的作文训练系统完成的习作。课外习作是课内习作有益的补充。课外习作给学生更多的写作空间，所以更能激发学生习作兴趣，并积累写作素材。同时，也为学生的人生经历留下一个个鲜明的足迹。比如下面这篇习作：

妹妹的趣事

今天，我的妹妹瑶瑶在我们吃饭时做了一件有趣的事——舔枣子。

早饭时，在我吃的食物中，瑶瑶最喜欢的非枣子莫属。我拿了颗枣子逗她，她一把抓住那颗枣，向上晃了晃，又向下晃了晃，最终塞到嘴巴里。我被她逗笑了，又马上变脸，对妈妈说："她能吃吗？"妈妈说："可以，她咬不动的，给她多玩玩吧。"

这种枣香脆可口，可瑶瑶却只能用舌头舔，我想：好可怜啊！突然，瑶瑶大哭起来："哇……哇……"原来是枣掉了。我拍拍她的小脑袋，安慰道："瑶瑶，没关系，姐姐帮你捡起来，枣子也是你形影不离的好伙伴，对不对？"她嗯嗯几声，又玩起了枣子。

虽然吃饭时我经常被瑶瑶打扰，但她给我留下一段有趣的记忆。

现在，二胎家庭增多，弟弟妹妹就成了小学生绝好的习作素材。这篇作文看似一般，可是我却从中感受到了细腻的描摹，温馨的亲情，美好的人性。我非常鼓励学生写这样的小练笔。叶圣陶先生有一篇文章叫《"好"与"不好"》，文中将诚实和精密的文章称为好文章。叶先生这样解释：

所以，自己发抒的文字以与自己的思想、性情、环境等一致为"诚实"，从旁描叙的文章以观察得周至为"诚实"。

……

文字里要有由写作者深至地发见出的、亲切地感受到的意思情感，而写出时又能不漏失它们的本真，这才当得起"精密"二字，同时这便是"好"的文章。

在我眼中，《妹妹的趣事》是称得上诚实而精密的。学生很喜欢写这类生活小随笔，也喜欢老师将其分享给同学们。它们对小学生习作能力的提高和人生态度的形成都大有裨益。

练习课外习作时，要注意以下几点。

第一，要了解课程标准上不同学段的写话、作文教学要求（见附录）。这可以使教师将课外习作编制成科学的训练序列，使其循序渐进地进行。在训练的频率上能使其与课内习作协调平衡好，避免增加学生负担。辅导学生时也可以更有的放矢。

第二，课外习作的形式可以丰富一些。可以进行段落练习，可以进行篇章训练，可以让学生自主写作，可以给出材料进行改写、续写、缩写、扩写，也可以与课文学习相关联。或是思想主题相关联，或者表达方法相关联，便于学生举一反三，使其在读写两方面都得到提高。

第三，高度重视作文讲评。因为学生有了更大的写作空间，写的内容是他们感兴趣的话题，他们也就更愿意分享。所以，教师要更重视讲评。讲评是一种特别的发表，好的讲评是激发学生习作兴趣的最佳手段。教师可以将几篇作文的优点或缺点整理出来讲评，也可以逐篇朗读讲评，还可以让学生互评。互评的形式可以灵活多样。口头点评、书面点评、写推荐语、评选习作之星等都是行之有效的方法。

不论是课内习作还是课外习作，都得先做到字词写对，句子写通，卷面整洁。教师要明白，如果让小学生拿起笔来总想着好词好句，总想着具体生动，总想着拔高主题，是写不好作文的。小学阶段所有学科的学习都重在打基础。学生要获得基础知识、基本能力，不可能一蹴而就，需要教师耐心地点拨、纠正、鼓励。基础夯实，就能走得长远。

常有小学生说作文难写，也常有教师说作文难教。在我看来，那是将作文置于应试的非正常状态所致。正常情况下，小学生要写好作文，首先，应该有一定的阅读量和生活积累。其次，在课堂上，教师要通过与学生的互动，帮助他们唤醒积累，启发感悟。再次，教师利用多样的形式，让学生体验记录、创作的乐趣。教师要将应试的念头暂且放在一边，先让作文教学回到正常的位置，从课内课外两个角度进行练习，一旦学生的作文能力得到提升，在考试中写出好作文，不是难事。如果眼中只有分数，那只能给师生平添许多烦恼、苦痛了。

附　录

低年级写话要求

1. 对写话有兴趣，留心周围事物，写自己想说的话，写想象中的事物。

2. 在写话中乐于运用阅读和生活中学到的词语。

3. 根据表达的需要，学习使用逗号、句号、问号、感叹号。

中年级作文要求

1. 乐于书面表达，增强习作的自信心。愿意与他人分享习作的快乐。

2. 观察周围世界，能不拘形式地写下自己的见闻、感受和想象，注意把自己觉得新奇有趣或印象最深、最受感动的内容写清楚。

3. 能用简短的书信、便条进行交流。

4. 尝试在习作中运用自己平时积累的语言材料，特别是有新鲜感的词句。

5. 学习修改习作中有明显错误的词句。根据表达的需要，正确使用冒号、引号等标点符号。

6. 课内习作每学年十六次左右。

高年级作文要求

1. 懂得写作是为了自我表达和与人交流。

2. 养成留心观察周围事物的习惯，有意识地丰富自己的见闻，珍视个人的独特感受，积累习作素材。

3. 能写简单的记实作文和想象作文，内容具体，感情真实。能根据内容表达的需要，分段表述。学写读书笔记，学写常见应用文。

4. 修改自己的习作，并主动与他人交换修改，做到语句通顺，行款正确，书写规范、整洁。根据表达需要，正确使用常用的标点符号。

5. 习作要有一定速度。课内习作每学年十六次左右。

用好范文

小学中高年级作文课的一般流程是：情境引入或复习旧知—解析作文要求—出示范文讲解重点—学生习作—交流讲评修改—再次交流讲评。流程中的各个环节可以根据教学目标和学情做调整。

写作文是一种技能，学习任何一种技能都离不开模仿，所以在上述环节中，我尤其重视范文的使用。下面就这个话题，分享一些我的心得。

一、用范文创设作文情境

上课之初，使用范文能营造出良好的作文氛围，使学生快速进入作文学习的状态。比如《已死的母熊》一课中，我在指导写作前先为学生朗读了俄国作家屠格涅夫的散文诗《麻雀》。该文的母爱主题与丰子恺的漫画《已死的母熊》一致，文章简洁有力。学生迅速理解文章大意，对老麻雀保护小麻雀的情景印象深刻。之后，不少学生描写母熊保护小熊时，都从中得到启发。

有老师问我，上课时讲义已经印发给学生，为什么不让他们自己看，而要读给他们听呢？我说，老师朗读，一来可以直接用声音吸引学生走进文本，帮助学生快速理解文章内容和中心；二来可以在教室里营造氛围，形成气场，使学生在写作之前就浸润在母爱的主题里。所以，在上课之初使用范文，节奏要明快，不能拖泥带水，把整节课弄成头重脚轻。

二、用范文攻克重点和难点

用范文攻克作文教学中的重点和难点，是范文运用最常见的方式。

比如《味道好极了》一课中，学生用一段话描写食物的特点不难，但是要把一种食物写成一篇作文，是有难度的。所以我在课中出示了两篇范文。学生阅读比较后发现，两篇文章详略不同，写作角度不同，描述食物的方法也不同。发现诸多的不同，学生的思路也就打开了。然后，我组织学生品尝糖果。同桌中只有一人有糖果，另一人只能观察同桌吃糖的情景，以此强化感知写作的不同角度，增强对范文写作手法的理解，从而降低习作难度。

用于攻克重点难点的范文，语言要易于学生理解接受，内容要贴近学生日常生活，并能较好地呈现习作要求。通俗地说，就是一看就明白，看完就能得到启发。

三、用范文提升课堂内涵

作文课上教学生写作文，但不能只停留在作文方法的层面。作文是人与人的交际方式，因此作文课应该有人情，有文化。如果范文用得好，就可以实现这个目标。

比如《写信》一课中，我出示了自己给小读者们的回信。一方面是为了让学生了解书信格式；另一方面借着回信，我告诉学生们，远方的小读者们读了我的书，给我写来几十封信。在信中他们告诉我读书的心得。我看了很感动，所以写下回信，而且亲手写在纸上，装入信封，贴上邮票，寄过去。我用这样的讲述让学生明白，学会写信之后，可以用书信与人交流。写信、寄信、等回信的过程在一个快速前行的时代是很美好的。

以上从三个方面谈了范文的作用。其实，很多时候，范文的作用是综合性的。比如《猫和老鼠》一课，课开始时我先介绍了小猫布丁的故事。那个故事兼具了上述三个作用，创设了情境，激发了学生学习的兴趣，又为学生之后的说话练习提供了范例。同时，也让学生在情感上走近了小猫，以至于下课时，很多孩子对着小猫的照片跟它道别。

与运用范文相比，积累范文更难。所以，教师要做个有心人，时时留意各种资料，及时储备，让范文成为作文教学中最有效的学习资源。

文章是改出来的

　　说到修改作文，我想起一件往事。当时，我还是一位青年教师。一次，我向一位中年教师讨教经验。因为她班里的学生考试时，作文总是扣分很少。她说："很简单啊！一篇作文反复修改，直到符合要求为止，然后背出来。一个学期，各种题材准备五六篇就足够了。"我问："一篇作文要改几次才能过关？"那位老师说："起码三四次。"原先我一直想着，取到一点真经，用在自己学生身上，可听到这里，我放弃了，因为我做不到。我也算是喜欢写文章的人，可是如果有人要我把一篇文章翻来覆去修改四次甚至更多次，我可能从此就失去了写作的兴趣。后来，我又听说了一种简单的做法——不用修改那么多次，直接找几篇范文背出来，也可以应付考试。有一次，我在一次网络公益讲座中提到背作文的危害时，突然一个小听众天真又诧异地说："我们老师一直让我们背作文的。"言下之意是难道老师是在"害"我们？顿时，我知道自己"犯错"了。继而，我又觉得很沮丧，二十多年过去了，当年的"经验"依然广为流行。

　　前段时间，我指导学生写一篇作文，有个孩子写得不错，我请她念给全班同学听，还请她把作文输入电脑发给我。很快，小作者把作文发来了。没有想到，在后面两天里，小作者连续发来两次修改稿。俗话说，文章不厌百回改。修改一百次都不厌倦，是因为作者想让读者更好地了解自己的想法，希望用文字与读者畅通无碍地交流。修改四次就厌烦至极，是因为文章不是自己想写的，文章里没有自己的心声，而且不知道怎么改老师才能让自己过关。教师是小学生作文的主要读者之一。所以，教师务必要让学生体会到，老师阅读他们的作文，不仅仅是查看作业，更是为了了解他们，与他们交流。有了这个前提，修改作文就能成为学生的乐事，而不是苦差。

修改作文是作文教学中的重要内容。教师首先要培养学生自主修改作文的意识和能力。修改作文能力的第一个层次是自己改正错别字、病句和标点错误。这需要教师在阅读教学中为学生打下扎实的文字基础，该写该默的一点儿不能马虎。另外，还要教会学生正确朗读。能读通读对，才能获得良好的语感，才能少写病句。写完作文通过朗读，自己才能找出病句。不会正确朗读，没有朗读习惯，而想找出病句并改正几乎是不可能的事。第二个层次是自己检查作文是否符合习作要求。要具备这个能力，需

要较长时间的训练。每次完成习作后，教师要组织学生根据要求自评互评，并将评议结果和原因讲述出来，以获得思维方法。然后，再做修改。

小学生运用文字的能力还不强，有时自己把作文念了好几遍，还是找不到语病。因此，教师要做的第二项工作就是经常示范修改作文，让学生慢慢学会找病句。可以在学生作文本上修改，也可以在上课时选择例段示范修改。小学生自己发现不了的作文病症主要有词句使用不当，语义重复、矛盾跳跃，语言不简洁，作文结构不妥当等。读者诸君可以参看下面的我的修改稿和学生的原文。

【修改稿】"魔术师"妈妈

快五点了，爸爸和我都饿了。正好妈妈今天下班早，她答应我们要又快又好地做出面条和蛋炒饭。

妈妈走进厨房，拿起面条锅，往里面倒了许多凉水，往左灶台上一放。"开火！煮起来！"妈妈一边叫一边拿起胡萝卜和花菜飞快地洗好，

然后把它们切成小块。

水开了！妈妈把一大把面条放进锅里，面条就像一条条小鱼，在水中游来游去。妈妈又拿出菜锅，放在右灶台上，右手按下按钮。"嗞……嗞……"的声音从灶台上响起。"啪！啪！"花菜和胡萝卜在菜锅里翻滚着。妈妈一刻也不停，像一个陀螺，忙得团团转。

看妈妈忙得不可开交，爸爸想去帮忙，却被一口拒绝："饭要色香味俱全，星爸你做的菜有颜色没味道，怎么行？"爸爸失望地走开了，而我在一旁偷偷地笑着。

十分钟过去了，面条煮好了。妈妈关了左灶台的火，从冰箱里拿出香料往菜锅里一倒，又用大铁勺在面条锅里舀一勺汤倒进菜锅，就这样，菜也开炖了！趁炖菜的时间，妈妈拿出平底锅，快速炒好一锅蛋炒饭。这时，菜也炖好了，妈妈把面条倒进菜锅里吸味。

"开饭啦！"妈妈花了三十分钟，把色香味俱全的饭菜端上饭桌。妈妈真能干，真像一个"魔术师"啊！我长大也要像她一样，把食材变成美味佳肴！

【原稿】能干的妈妈

快到下午五点了，爸爸和我都饿了，我们祈祷妈妈尽快回来，正好妈妈今天下班早，她答应我们要又快又好地做出面条和蛋炒饭。

妈妈走进厨房，拿起面条锅，往里面倒了许多凉水，往左灶台上一放，"开火！煮起来！"妈妈一边叫一边用手拿起胡萝卜和花菜在篮子里飞快地洗好，然后把它们一瞬间切成小块块。水开了！妈妈拿一大把面条往锅里放，面条就像一条条小鱼们，在热水中游来游去。妈妈又趁机拿出菜锅，放在右灶台上，用右手按下开火按钮，"嗞……嗞……"的声音从灶台上响起，"啪！啪！"花菜和胡萝卜在菜锅里翻炒着。妈妈一刻也不停，就像一个陀螺，忙得团团转。

爸爸特意去厨房帮助妈妈，看妈妈一手拿一锅，忙得不可开交，他原本出于好心，想上前帮忙，但却被妈妈一口拒绝了，连声说："饭要色香俱全，可星爸你做的菜有颜色没味道怎么行？"爸爸失望地走了，而我在一旁偷偷地笑着。

十分钟过去了，面条也煮好了，妈妈关上左灶台的火，从冰箱里拿出香料往菜锅里一倒，又用大铁勺往面条锅里舀一勺汤倒进菜锅，就这样菜也要开炖了！趁炖菜的时间，妈妈拿出平底锅，快速炒好了一锅蛋炒饭。这时，菜也炖好了，妈妈使出吃奶的力气，把面条倒进菜锅里吸味。

"吃饭啦！"妈妈花了三十分钟，把色香味俱全的饭菜端上饭桌。妈妈真是一个能干的人啊！我长大也要像妈妈这个"魔术师"一样，把原材料变成美味的佳肴端上饭桌！

教师修改小学生作文，重在把没有写清楚的地方写清楚，不要修改过度。写清楚，对小学生而言绝非易事。很多孩子小学毕业或者中学毕业都达不到这个要求。一辈子都无法把自己的意思写清楚讲清楚的成年人也不在少数。要写清楚，先得想清楚，想清楚就是整理思路，使逻辑清晰起来。教师在修改作文时可以通过问答帮助学生理清思路。（本书中的课堂实录里有好几个案例）写清楚，对学生日后的学习和生活有重要的意义。在写清楚和写具体的问题上，绝对要把写清楚当作首要任务，能把作文写清楚，就说明具备了一定的语言表达、观察判断能力。在此基础上，随着学生阅读量的增加，生活经历的累积，要写具体就不是难事。反之，两者都做不好。

示范修改作文是笨功夫，也是最有效的真功夫。教师修改文章的能力需要锤炼、提升。不然，以己昏昏怎能使人昭昭？

评价的作用

2011 年版的《义务教育语文课程标准》上对于写作的评价是这样写的：

写作的评价，应按照不同学段的目标要求，综合考察学生写作水平的发展状况。第一学段主要评价学生的写话兴趣；第二学段是习作的起始阶段，要鼓励学生大胆习作；第三、第四学段要通过多种评价，促进学生具体明确、文从字顺地表达自己的见闻、体验和想法。对于作文的评价还须关注学生汉字书写的情况。

写作的评价，要重视学生的写作兴趣和习惯，鼓励表达真情实感，鼓励有创意的表达，引导学生热爱生活，亲近自然，关注社会。

写作材料准备过程的评价，不仅要具体考察学生占有材料的丰富性、真实性，也要考察他们获取材料的方法。要引导学生通过观察、调查、访谈、阅读等途径，运用多种方法搜集材料。

重视对作文修改的评价。要考察学生对作文内容、文字表达的修改，也要关注学生修改作文的态度、过程和方法。要引导学生通过自改和互改，取长补短，促进相互了解和合作，共同提高写作水平。

评价结果的呈现方式，根据实际需要，可以是书面的，可以是口头的；可以用等级表示，也可以用评语表示；还可以采用展示、交流等多种方式。

提倡学生在成长记录中收存有代表性的课内外作文和有价值的典型案例分析，以反映写作的实际情况和发展过程。

以上论述列出了不同学段学生作文的评价重点，明确了完成作文的每个阶段的评价要求，对评价的方式也提出了建议；既提到了终结性评价的方式，也提到了过程性评价的方式。在日常教学工作中，教师需要深入理解以上论述，并将其化解为具体的评价方法。经过实践，对于作文评价，我有一些感悟，分享给读者诸君。

　　第一，评价应该有利于学生的后续学习。评价的主要功能是了解学生在一段时间内的学习情况并做出判断。其实我认为，评价的另一个功能更为重要，就是通过评价激发学生后续学习的动力。在日常工作中，我们往往比较在意前者。更有甚者，有的同行将评价当作所谓的"杀威棒"。这是非常错误的。学生接受学校教育，是为了在今后的人生之路上更自信，更爱学习和思考。即便有缺点和不足，也可以用妥当的方式指出，而"杀威棒"会打掉学生的自信和自尊。

　　有一年，我接了一个五年级班。开学第一周的周末，我布置了写周记的作业，结果一个学生交来了一行半字。面对这样一份作业，我给他一颗五角星，那是评价标准中的最高级别。看到这里，你一定会奇怪吧。接下来我又给这个孩子写了几句评语："虽然你只写了一句话，但句子通顺，字迹工整。只要你听我的话，我就传你一道'法术'，让你一口气写出二百字。"读到这里，你大概会哑然失笑。那时，我对学生情况还不了解。这个孩子为什么只写了一句话，是不会写，还是学习态度有问题，都不得而知。此时如果让孩子重写周记，可能会多几行字，但问题依然存在。我的经验是，在教育教学活动中，如果遇到无法立刻想出对策的问题，那就先不去解决，或者用表扬鼓励的方法。在这份超短周记里，我发现了学生的优点，决定先表扬他。我猜，这个孩子看到这样的评价，一定很意外。从此，我就开始留意这个孩子。经过一段时间的观察，我发现他的学习基础不差，就是有点懒惰。于是，我时时鼓励他，在后续习作中给他一些有针对性的指导。这篇周记是他那个学期写的第一篇习作（第一张图），那个学期他最后一篇习作则洋洋洒洒写了数百字（第二张图）。我把两份作业拍成照片发在朋友圈里，很多同行看到后都问，怎么做到的？归纳起来就是一句话：让每一次作业评价成为孩子更好地完成下次作业的动力。不

9月8日　　　　表扬

今天老师叫我起来读古诗,我读得很好,比张嘉欣还要好老师说我比她聪明,但我后来又被她反超了。

虽然你只写了一句话,但句句通顺,字迹工整。

只要你听我的话,我就佳你一道法术,让你一呼写出三个字。

9.9

我受到了启迪

在日常生活中,发生过很多事情,而有一件趣事让我明白了一个道理。

记得那是一个十一长假的时候,全家来到外公家,妈妈看着外公的饺子皮和一盆馅,就提议说:"今天我们吃饺子吧!"大家都一致同意了。

于是我们开始了一次全家总动员活动——包饺子,妈妈说:"孩子,你也要学着包哦。"我虽然嘴上兴奋的说:"好呀,我一直想学呢!"但是心里却不已为然,心想:包饺子有什么难的,不就是放点馅一捏的事吗?于是我不屑一顾的看了看正在包饺子的爸爸,就叉着腰说:"有什么大不了的,我比你包得还好,不信,你们就等着瞧。"

说着,我拿起一个饺子皮,一股脑儿似的放了一大块馅,用力一捏,"哎呀,什么东西这么粘?"我喊到,把大家都吓一跳,我的脸一下子红,刚才的那股神气已经没了,像泄了气的皮球一样。

爸爸看见此情景,忙给我解围:"大家不要见笑,孩子并不笨,一教就会,是不是?"

爸爸给我使了一个眼色,我连忙说:"那当然真了,仔细地看着爸爸的一招一式。只见爸爸……

（左侧批注）半圆形左挤起一块,然后放到砧板上,然后又放一点馅,熟练地捏一个半圆的饺子就出现在爸爸的手中。然后爸爸说"包好了!"我紧张的……爸爸叫我不要紧张作……我的紧张怎么办……爸爸看穿了我的心思,就语重心长地说:"没有关系,包坏了呀嘛,谁一生下来就会呀!"听了爸爸的这番话我勇气倍增……

（右侧批注）我学着爸爸的样子,在爸爸的指导下我终于包出来一个半圆形的饺子,我脸上笑开了花儿,心里比吃了蜜还甜。

这就是最难忘的一件事之一,它让我明白做什么事都不能自以为是,要谦虚,遇到不懂的事情要请教别人,不能不懂装懂,其实没有懂。

管是评价平时的习作，还是评价阶段测试中的作文，教师都应该以宽容的心态看待学生的差异。教师不能总是摆出高高在上的姿态，而应该以读者的身份与小作者做平等的交流。告诉小作者，哪里写得好，让自己很有感触；哪里没有写清楚，自己读不明白。这样的评价更具指导性，远比"语句通顺，层次分明"之类的有价值。

优化作文命题，让学生有话可说。评价作文的学习情况，最简单的方法就是出一道作文题，让学生写。如果题目出得合适，学生都愿意写，那么评价的结果就会比较客观。反之，评价的意义就不大了。

比如统编教材中的作文题《神奇的探险之旅》，编者这样引导：你喜欢探险吗？你读过有关探险的书吗？这次习作就让我们编一个惊险刺激的探险故事吧。如果一个孩子不喜欢探险，也不喜欢读这方面的书，也从来不看探险方面的纪录片，那么要完成这篇习作难度就很大了。即便教材中提供了不少素材，比如可以想象在探险过程中突发疾病、断水断粮、遭遇猛兽等。看似有东西可写，可真要写好得有相关语句、知识的积累，如果毫无积累，根本无从下笔。教材中这类想象、创意作文题不少，可实际上并不是所有小学生都能靠着想象力写出一篇作文的。因此，这样的作文题就无法体现部分学生的真实作文水平。

作文的命题可以说是一件要求挺高的事。一方面，题目要符合课标的要求；另一方面，又要契合当下学生的生活实际，要给学生提供大一些的空间，让其思想情感自由徜徉于笔端。

建立专业的作文评价标准。没有专业的评价标准，就无法精准判断学生作文的水平，也就无法开展有针对性的辅导提升。制定评价标准时通常有四个维度：材料选用、文章结构、语言表达、标点书写。然后在每个维度中细分出等级。这是一种做法。另一种做法是将每个维度中的最高级放在一栏，第二级放在一栏，以此类推。如下表所示。

<h3>五年级习作评价标准</h3>

等 级	评价标准
A	能够根据给定的情境叙述一件事情或介绍一种事物，想象有新意，内容丰满； 能够合理、巧妙安排故事内容； 语句通顺，描写生动，标点正确。
B	能够根据给定的情境叙述一件事情或介绍一种事物，结构基本完整； 能较清楚地表达自己的意思，语言较为通顺； 有个别错别字，标点符号使用基本正确。
C	不能够根据给定的情境作文；或能够根据给定的情境作文，但结构不完整；或内容过于简单； 不能清楚地表达自己的意思； 错别字较多，标点符号使用不规范。

上表只是一个例子，仅供参考。

制定评价标准时，一要注意涵盖面，二要可操作，以保障评价的信度和效度。另外，还要注意不同年级作文要求的区别。

评价作文的方式应多元灵活。评价作文最常用的形式主要是打分数、评等第、写评语等。尤其是写评语，很多学校往往有严格的要求，比如眉批要写多少条，总评不少于多少字等。从教学常规管理的角度来说，这很正常。但是从学生学写作文的角度来看，作用可能不大。学生拿到老师批改过的作文本，会看，但只是看看而已。看懂多少，能在下次习作时改进多少，都是未知数。反过来再比较老师写评语所付出的精力和时间，"性价比"真是不高。

其实，老师除了写评语还有很多评价方式可以用。比如，学生完成作文后，我总是轮流选出一部分作文进行面批。小作者念，我讲评，也邀请其他同学一起评议。说说优点，说说不足。学生非常喜欢这样的形式，每次完成作文后，总是催我快批，吵着要上面批课。面批是最理想的作文评价方式，师生面对面交流，学生往往能最大程度地吸收教师的指导。我还尝试过在自己批改之前，先组织学生同桌互评，或者请家长评议，让学生听到不同读者的反馈。另外，我还为学生提供发布习作的机会，比如推荐给纸媒，张贴在板报上，发布在公众号里等，使学生听到更多评价的声音。此时，如果是表扬，学生的习作兴趣会更浓；如果是批评，学生会主动反思。总之，在积极的心理状态下，各种评价都会成为积极的因素。

说到底，作文的评价是为了让学生写好作文，喜欢作文。教师只要能抱着一颗赤子之心去评价学生作文，就一定能达到这个目标。

找到助手

贾志敏老师说，学作文就是学做人。我这样理解这句话：在长时间学写作文的过程中，学习得体地与人交际，表达自我，逐步学习正确的为人处世之道。虽然小学生在教室里学习运用语言的方法，但是他们的口头、书面表达的背景是广阔的生活。如果要用关键词概括作文教学，我想应该是：童趣、生活、发现、对话、生命。童趣，让儿童用自己的语言表达心声，展现儿童的趣味；生活，引导儿童观察自己的生活，并记录下来；发现，培养儿童从生活中发现真善美的能力，并能用真善美抵御假恶丑；对话，让儿童借助文字与别人对话，与自己对话，与世界对话，分享观点，学会反思；生命，让儿童通过文字累积生活中的每一个足迹，在未来的人生中，获得丰富的生命感悟。日常生活是作文教学的巨大资源库，学写作文需要较长的时间，那么，只有一个语文老师来承担教学任务，就显得"势单力薄"了。所以，教师要寻找助手。

助手的第一人选是学习基础较好的学生。在日常教学工作中，一些有经验的教师，会为学生组建学习小组，让其互相帮助，并会在课堂教学中，指导基础好的学生做示范，增加新知识的复现率。很多时候，学生教学生的效果，要优于老师教学生。因为孩子之间交流，有他们的话语系统，没有隔膜，而帮助后进同学的过程也是"小老师"自我复习巩固的过程。

我曾经在班级中组建文学社，成员是班级里习作基础最好的四个学生。我让他们选出文学社社长，负责日常管理。文学社成员每天轮流在同一本本子上写小练笔，成员互相点评。文学社每周活动一次，交流习作，我为他们做些辅导。慢慢的，他们的作文质量越来越好。我经常在班级中宣读、讲评他们的习作。其他学生从中得到启发，于是以点带面，学生作文的整体水平得到明显提高。后来，学生告诉我，班级中还有一个"地下文学社"，由几个孩子自发组织，也是轮流写小练笔，每周定期活动。可见，学生彼此的影响力有多大。

助手的第二人选是家长。只要让家长感受到老师是在全心全意为孩子成长而工作，那么绝大多数家长就都可以成为教师工作的好帮手。今年（指2020年）因为疫情，学生已在家中上了两个多月的网课。为了不让学生的作文能力下降，我每天在自己的微信公众号上发布一篇学生习作，并配上我的修改稿和评语。如有读者打赏，就转给家长，让其鼓励孩子。于是，很多家长每天看我的公众号，部分家长还时时留言点评。有的家长一旦看到自己孩子的习作，就立刻转发到家族群里，鼓动亲友一起激励孩子。有的家长与孩子一起研究我的修改稿，为孩子分析原稿中的问题。有的家长主动将孩子的作文输入电脑发给我。有的家长与我分享自己当年写作文和现在辅导孩子写作文的感受。还有一位家长几乎为每个发布作文的孩子慷慨打赏。

学生在课后写出作文草稿，我组织他们交流分享，然后修改，再次交流，完成誊写。接着家长将习作输入电脑，输入时等于又是一次辅导。等作文发布出来，对照修改稿比较分析，学生又经历一次学习。这样的家校合作对学生非常有益。

有的同行读到这里，可能会生出感慨，这些只能你来做，我们做不到。每个教师面对的工作情况不同，照搬同行的经验，确实未必可行。但是我想，具体做法无法照搬但工作思路还是可以借鉴的。有了思路，就可以因地制宜地想出各种方法。什么思路？就是为自己找到助教，让家庭和学校形成一股合力，促进学生更好地学习。

合力不可能凭空而来，首先教师对于自己的做法要持之以恒。如果你自己三天打鱼两天晒网，"助教们"怎么可能上心用心。其次，对于"助教们"的付出，不要吝啬你的鼓励和肯定。千万不要去想，家长指导自己的孩子是应该的，优秀生得到老师的指导，现在帮老师做点儿事情也是应该的。如果站在对方的角度想，或许是应该的。但是天底下的事情，一旦总是想着"应该"两字，那就难免出问题。尤其对于家长，更要这样想，如果能帮到你，那是你的福分。如果帮不到你，那是别人的本分。教师做的是人的工作，对别人还是要常怀感恩之心。日常与学生、家长交往要将不给别人添麻烦定为宗旨，多换位思考，多将心比心。那样，才能积聚善缘人力，造福学生，也造福自己。

教师是普通人，能力、精力终究有限，如能找到得力的助手，相互扶持，一起奔向共同的目标，岂不快哉！

小学作文分段互动教学初探

一、背景分析

作文是学生运用语言文字，反映客观现实，表达思想感情，培养写作能力的综合训练。从语文教学的角度看，作文是字、词、句、篇的综合训练的一种形式。学生学习了字、词、句，必须通过经常使用，才能真正掌握。写作文为学生提供了一个极好的练习机会。每篇文章的完成都离不开遣词造句，谋局布篇。学生在思考这些问题时，也就是在不断地巩固已学的字、词、句，并培养自己的表达能力。从儿童发展的角度看，作文是他们思想认识水平和文字表达能力的具体体现。叶圣陶先生说："小学生今天作某一篇文，其实就是综合地表现他今天以前知识、思想、语言等方面的积累。"因此，也可以这样说，作文是生活实践（观察事物）、思维（分析事物）、语言（用文字表达事物）的统一。

由于作文是多种能力的综合体现，所以小学作文教学一直是语文教学中的一个难点。"难"主要体现在教师教得吃力，学生学得无趣，费时许多，效果不佳。造成这一结果的原因是多方面的，以下三个问题则较为突出且急需解决：

第一，学习作文起步不扎实。

虽然各种小学语文教材中从一年级就有了写话教学的内容，但是教师往往对此重视不够。殊不知，语言发展的规律表明，口头语言是书面语言的基础。一、二年级正是培养学生具备良好的口头表达能力的最佳时期。教师对于简单的说话、写话练习不精心备课、教学，必然影响学生正确的语感和良好的作文心理机制的形成，从而不利于学生的思维能力和口头表达能力的培养。由此造成不少中、高年级学生的作文语句不通，表达不清，继而对作文产生畏难情绪。

第二，小学作文教学序列不明确。

现在的许多教材都是将阅读和作文两部分编在一起的综合型教材。这样的教材一方面有读写结合的优势，但另一方面也有其弊端。一本小学语文课本中，阅读教材的数量要大大多于作文教材。于是，阅读教材便可按照一定的规律组合成数个系统的教学单元，而作文教材则无法做到这一点。这样的情况首先造成了作文教学序列不明确的情况。作文能力的形成和阅读能力的形成是一样的，都有其客观的规律，需要经过由浅入深、由简到繁、反复实践的过程。没有一定的教学序列，就可能使作文教学在一个个单独练习中循环往复，无法前进。其次，造成了学生对小学阶段的作文学习的内容（如各种文体，各种体裁等）的特点不能形成清楚的认识。小学生作文中常出现偏题、中心不明等错误的原因就在于此。经常出错，又不知如何改正，学生的作文兴趣就会大受影响。再次，教师面对这样的教材常会不自觉地将主要的教学精力放在阅读教材上。原本作文课就需要教师花更多的力气去钻研才能上好，可这样一来，作文教学时间短，课堂教学效果不佳，学生练习机会少，其学习效果就可想而知了。

第三，小学作文教学过程互动不够。

在日常的小学作文教学实践中，教师经常采用的方法主要有两种：一种是给出材料让学生写，另一种是完全放手让学生写。两种方法都无法在教学活动中真正实现师生互动和生生互动，学生始终处于被动的状态，学习积极性调动不起来，学习效率自然不高。

二、基本内涵

（一）分段

我根据小学生的学习规律，将作文教学分为低、中、高三个年段来进行。每个年级段都编订出相应的教材。每个年级段的教材都由若干个教学单元组成，每个教学单元中又包含着若干的学习点。学习点就是各个年级段需要掌握的知识点。

如低年级段中有看图说句子，用动词写句子，记录一小段对话，展开想象写句子等。中年级段中有《美丽的校园》（学习如何写景），《老鹰捉小鸡》（学习如何写活动），《一只苹果》（学习如何状物），《招待客人》（学习如何有条理地记事）等。高年级段中有《小麻雀》（续写作文），《可爱的鹦鹉》（学会细致观察，精心描写），《妹妹的故事》（学习加工材料的方法）等。各个学习点的表现形式因各年级段的不同要求而灵活多样，有概念型的（偏重于指导方法），有材料型的（给出材料指导写作），有自主型的（给出一定范围，自由写作），有比较型的（偏重于范文比较学习）等。

（二）互动

"动态生成"是课程改革的核心理念之一。它要求以生命的高度，用动态生成的观点审视课堂教学，为课堂教学赋予新的含义。正如叶澜教授所说："教师和学生不只是教和学，他们还在课堂生命中涌动和成长。"课堂教学是师生全方位交往的生命碰撞的过程。那么如何在作文教学活动中突出学生生命的主体地位，实现关注学生发展的教学理念呢？我认为，采用互动式教学是一个好办法。

所谓"互动式"教学就是把教学活动看作是师生进行的一种生命与生命的交往、沟通，把教学过程看作是一个动态发展着的、教与学统一的、交互影响和交互活动的过程。在这个过程中，通过优化"教学互动"的方式，即通过调节师生关系及其相互作用，形成和谐的师生互动、生生互动、学习个体与教学中介的互动，从而提高教学效果。

由于作文与生活紧密相连，所以小学作文分段互动教学中的"互动"除了指在进行课堂作文教学时要实现互动外，还应随着作文学习资源的开发，努力实现家校互动、学校与社会生活互动、家长与孩子互动。在互动的过程中学生对生活更了解、更热爱，将作文当作反映自己对生活的感受的需要，而教师、家长亦可通过互动实现提升。

综上所述，小学作文分段互动教学就是根据小学生的学习特点将作文教学分成低、中、高三个年级段，采用互动式教学策略，开发作文教学资源，积极提高作文教学效率的教学方法。

三、基本原则

（一）注重整体性

小学生学习作文的时间长达六年。这六年虽然被分成低、中、高三个年级段，而且各年级段都有不同的目标，但是它们仍属于一个整体，阶段目标的达成必须为总目标（通过小学作文分段互动教学使小学生具备相应的观察、分析、判断、表达能力，养成动笔的习惯和真实表达自己感受的良好品质。为培养其积极向上的人生观和美好的精神家园打下基础）服务。各年段学习点应该系统安排，难易度呈螺旋式上升的态势。

（二）讲究阶段性

根据学生身心发展规律和学习规律，我将小学阶段的作文学习分成低、中、高三个年级段。三个年级段都有各自的培养目标。

低年级段主要培养学生良好的习作兴趣，使其掌握基本的观察、想象能力和一定的口头表达能力，鼓励学生表达相对完整的内容，鼓励学生尝试运用阅读和生活中学到的词语，鼓励学生写想象中的事物。

中年级段主要培养学生具备良好的习作习惯，获得通顺地描述事物、事件的能力，使其真实自由地表达自己的感受，增强其书面表达的自信心，鼓励学生与他人分享自己习作的乐趣。

高年级段主要培养学生具备独立习作的能力，树立书面表达的目的性意识，学会自主积累写作素材，并在习作过程中实现个性发展和获得良好情操的熏陶。

（三）发挥主体性

在教学活动中，教师是教学的主体，任何轻视、低估教师主导作用的观点、做法都是错误的，它将导致教学的"无政府状态"，最终失去教育的价值。但是，同时我们又必须深刻地认识到学生是学习的主体，学习是一种创造性的劳动。教学是教和学的双边活动，教师的主导作用必须发挥，学生的主体地位必须尊重，那么究竟怎样认识和处理两个主体之间的关系呢？我认为它们并不是那种"有我没你，有你没我"的对立关系，而是相互依存、相互补充的统一关系，即教师通过自己的主导作用使学生进入主体地位，释放出知识的、思想的、情感的、意志的力量，学习运用语言。教师促使学生进入学习的主体地位的最佳途径、主要方法就是教学的生活化。

因此，在作文教学中应该通过对教材的精心选择，将教学活动置于学生真实的生活背景之中，从而激发他们作为生活主体的听、说、读、写的强烈愿望，同时把教学的目的要求转化为学生作为生活主体的内在需要，在生活中学习，在学习中更好地生活。在生活化的作文教学活动中，学生既是学习的主体，更是生活的主体；学习既是学习的需要，更是生活的需要；既是自然而然、自由自觉的生活形式，又是受到一定目的要求引导、渗透、规范的学习形式。这样的作文学习才真正是内部动力驱动之下的内部学习。我们常讲的"学作文就是学做人"即是这个意思。

（四）重视情感性

作文是一种受情绪、情感控制的文字表达活动。无论采用什么教材、教学方式，都不能单纯地进行写作基本能力训练，还要利用和诱发学生积极的情绪与情感。这样，学生对作文才会产生愉快的情绪，激发出写作热情，写出内容充实、情真意切的文章。

1. 教师应该具有良好的情绪、情感

教师的良好情绪、情感对学生写作的影响主要表现在：它能感化学生，激发学生的写作积极性。它能开启学生的心弦，引起学生强烈的内心体验。它能增强作文教学的效果，使学生被深深吸引住。所以教师在上课之前一定要酝酿良好的心境，坚决不把与教学无关的消极情绪带进课堂。教师在命题时应该充分从学生的生活实际出发，考虑对学生情感的诱发。

在指导时，教师一定要戒除急躁，努力做到态度亲切，循循善诱。批改学生的作文时，教师充满热情，要善于抓住学生习作中的闪光点，多鼓励。

2.创造最佳的写作环境

小学生容易被真实、具体、形象的东西感动，他们的情感往往是在特定的情境中产生的。好的情境不仅可以激发学生的写作兴趣，而且可以陶冶学生的情感。在这样的条件下作文，学生很乐意，往往能写出一些意趣横生的文章来。因此，作文教学要尽可能地通过多种途径，努力为学生写作提供一个与审美心理结构相适应的情境，通过切实可行的手段，如使用声像媒体、组织表演等，强化学生内心体验，使学生自始至终处在情感的氛围之中，从而达到理想的教学效果。

（五）关注差异性

学生的差异是客观存在的，也是合理的。因此，教师应当允许学生存在不同方面、不同水平的差异，并且针对每个学生的具体条件帮助他们得到最适宜的个性发展。良好教育的结果是大批个性充分发展的人，而不是千人一面的"标准件"。正如杜威所说："如果从儿童身上舍去社会的因素，我们便只剩下一个抽象的东西；如果我们从社会方面舍去个人的因素，我们便只剩下一个死板的、没有生命的集体。"

作文能力是一种综合性的能力，在进行作文教学时，学生之间的差异会更加明显地表现出来。因此，教师在教学的各个环节中都应该针对差异采取旨在促进每个学生发展的不同教学策略。命题时，应该尽量出示多个题目，给不同的学生留有选择的余地。讨论时，可以小组为单位，开展合作学习，通过学生之间的互相帮助，来解决学习中的问题。指导时，应该充分采用基础好的学生的习作来举例、分析。这样既可使基础好的学生感到荣耀，调动其积极性，又可为基础不佳的学生树立榜样。讲评时，应该对不同程度的学生用不同的标准去衡量，积极发现学生的进步、长处，使其获得成功感。对于个别学生还应该经常进行个别辅导，使其能不断缩小与同学的差距。

四、教学策略概述

（一）低年级段教学策略概述

低年级段的作文学习分为生活作文、想象作文和应用文三个单元。生活作文主要记述生活中的见闻或感受，通过练习帮助学生初步懂得如何观察生活、记录生活，掌握一些最基本的描写句式。想象作文是指要求学生看图说话、写话，编写、续写各种童话、故事。因为低年级儿童开展形象性思维活动的主要心理过程是想象。喜爱想象是低年级儿童心理发展的一般规律，也是他们学写作文的需要。应用文单元则主要使学生掌握最简单的应用文写作。

根据低年级段学生的思维特点，这一阶段的每个学习点首先都应该先创设情境，使学生一上课就被牢牢地吸引住，在不知不觉中进入学习作文的状态。其次，应安排听的活动和观察活动。因为按照儿童学习语言的规律，最早获得的语言就是听来的。听懂了，再运用，语言就完成了内化的过程。因此，对于低年级的学生，应该特别注重听的练习，而且要形式多样，如单纯听，记忆着听，带着疑问听，等等。在练习听的时候，辅以观察画面或情境的练习，让学生在一定的时间内尽可能多地获得信息。通过听来促进阅读，培养兴趣，实现语言的内化，方法的迁移。此外，句式练习和想象练习也应该贯穿于教学之中。通过句式练习帮助学生有的放矢地进行观察，并理清观察到的内容，锻炼口头表达能力和思维能力，为写句子或写段落打下基础，铺平道路。想象练习一般可安排在学生对观察到的情况较为熟悉的时候进行。想象练习给学生以较大的自由思维空间，根据现有的内容合理发挥。这样既可培养学生的创新精神和创新意识，又调动起学生学习作文的积极性。这样，在学习作文时，学生始终处于愉快的状态。良好的作文心理机制得以逐渐养成。这将有利于今后的作文学习。

在进行想象作文的教学时，教师不必"扶"得太多，但也不能完全放手不管。教师应该与学生一起讨论、想象，在师生平等互动的活动中，使学生充满乐趣地编出生动有趣的童话故事。这一点对于想象力不够丰富的学生尤其重要。教师应尽量使学生初学作文时就站在同一起跑线上。

应用文的教学，则以创设情境、指导学生仿写为主。各年级段方法相似，只是教学内容的难易不同。

需要说明的是，以上提到的听、说、观察等活动可根据各个学习点的内容和要求自由组合运用在教学中。另外，教学中不能将练习仅仅停留在口头上，应该要求、鼓励学生尽早拿起笔，记录下自己的见闻和感受。这样可以使学生在最合适的时间内学会将口头语言转化为书面语言。

我曾给二年级的学生上过一堂想象作文课。课上，先给学生看一幅图，图上画着一只大兔子和一只小兔子。我先请学生观察，再组织学生讨论画上的内容，并及时将其想象到的故事梗概写在黑板上，适当点拨，帮助孩子理清思路，然后放手让学生自由写作。在师生互动合作的氛围中，学生的想象力得到充分发挥。他们将自己生活中的经历，书本上读到的故事，电视里看到的动画片和自己的幻想糅合在一起，创造出有趣的故事，并享受着其中的乐趣。从下面两篇习作就可以看出学生创作的兴趣被激发出来后的成效。

小兔和雪孩子

一个冬天的夜晚，雪花纷飞，慢慢地撒落在大地上。转眼间，大地一片白茫茫的。

第二天早上，小兔发现地上有厚厚的积雪，高兴地叫道："妈妈，妈妈，我们可以堆雪人喽！"兔妈妈一听，马上拿出两粒纽扣和一根胡萝卜，拉住小兔的手就奔出屋去。她俩忙了一会儿，堆了一个大雪人。瞧，雪人正朝她们笑呢！

一阵风吹来，小兔感到冷极了，她怕雪人冷着了，又跑回屋去，拿来一顶帽子和一条围巾给雪人戴上，雪人笑得更欢了。

又过了一天，太阳出来了，雪人慢慢地融化了，他的笑容也渐渐地消失了。过了一会儿，地上只留下了他的"眼睛"、"鼻子"和帽子围巾。

小兔见了，难过得哭了。妈妈抚摸着小兔的头说："别难过，以后我们还可以堆一个更大的雪人呢！"

小兔感冒了

今天，小兔起床时，感觉有点头晕。兔妈妈摸摸小兔的头，大叫："不好啦！小兔感冒啦！"这下可好，妈妈急得团团转，爸爸急得直跺脚，他们最心爱的宝贝感冒啦！

爸爸情急之下，赶忙跑去药店。妈妈又是拿温度计又是拿水，嘴里不停地说："怎么会呢？昨晚还好好的，肯定晚上踢被子了。现在的孩子，唉，体质差，容易感冒，家里得注意预防。"说着，就在桌上摆了一碗醋，顿时，房间里一股酸溜溜的味道。

爸爸回来，一进门就冲到小兔的床边，忙着喂药，可他仔细一看，糟糕，拿错药了！怎么会是胃药呢？真是老糊涂了！刚坐下来的爸爸又风风火火去换药。妈妈一边埋怨爸爸，一边翻箱倒柜，想找找以前留下的感冒药，还不停地拿出冰毛巾敷在小兔的额头上。转眼间，爸爸拿着感冒药回来了，鞋都顾不上脱，便给小兔服下了感冒药。整整一天，兔爸爸、兔妈妈守在小兔的身边忙进忙出，晚上，小兔的感冒好了，可爸爸妈妈却感冒了。爸爸苦笑着说："只要我们的宝贝好了，那就比什么都好。"刚说完，兔爸爸便连打了五个喷嚏……

（二）中年级段教学策略概述

中年级段的作文学习分为记叙文、应用文两个单元。记叙文单元含有写人、记事、写景、状物等不同内容的学习点，这样能使学生比较清楚地了解各种体裁的作文的特点，掌握不同内容作文的基本写作方法。

中年级段的每个学习点的教学仍应有情境设计，教师要更细致地引导学生观察、联想，并掌握观察的方法。因为中年级学生思维的特点是从具体形象思维向抽象概念思维过渡。学生的观察能力迅速发展，能通过观察比较正确地、深入地感知事物的特点。

中年级段的教学对句式练习应更为重视。对于小学生而言，要求他们提笔就写并不是一个好办法。因为孩子对许多语言文字的掌握常常停留在似懂非懂的浅层次上。在这种情况下，要求其写作文，他们就会因无法确定自己是否正确使用了字、词、句而感到焦躁不安，从而影响作文学习。所以，教师在指导学生写作文之前应先让其进行一些口头的句式练习。这些句式是与作文的主要内容有关的。练习时先出示关键词作为提示，由学生讨论，说句。教师及时给予指导。进行了句式练习后，学生对将写的作文内容进一步了解，对字词、语句的运用更规范了（这是句式训练最主要的目的），作文的难度也就降低了。这样的练习得以材料作文为载体。

材料作文即组织学生针对作文要求开展选材讨论，教师从学生发现的材料中选取一个，加以指导，从而实现教学内容的动态生成，然后让学生根据教师的指导进行写作。由于教师讲解的材料是学生找到的，学生听讲时就多了一份熟悉和亲近，理解起来也比较容易。他们可以通过对材料的扩写、续写，学会一些基本的作文方法。（这是一种特殊的范文学习，一种符合学习规律的模仿学习。）当然，学生如此写出来的作文可能有雷同的现象。这是很正常的，不必担心。教师可在教学之后安排一些与之相关的题目提供给学生，或者让学生根据习作要求自己选材定题目，以激发学生的创作意识。完成作业时，基础薄弱的学生可以选择课堂中学习过的材料作文。基础好的学生则可以选择相关的题目自由写作生活作文。这样，不同层面学生的写作能力都能得到发展。

在这个阶段，学生的自我意识逐步形成，教师要特别注意鼓励他们充分表现、展示自己的真情实感，特别是自己的得意之处。对那些写材料作文的学生更要鼓励他们尽量通过别人的材料使自己得到启发，从而早日学会根据自己的生活来写作文。

我曾给三年级的学生上过《我喜爱的一种玩具》一课。先是通过情境引入一段比较简单的描写鲨鱼玩具的话；再让学生观察该玩具，对其进行口头描述；然后引导其懂得如何有条理地观察叙述；接着请学生玩玩具，边玩边说感受；最后将自己的所见所闻所感写下来，并与例段进行比较。

这堂课的目的是教学生学会如何状物。课上的口头描述练习和玩玩具的实践是师生之间十分重要的互动活动，它使得学生在动笔前对作文内容已经有所了解，于是作文的难度被降低，写作的兴趣则得到增强。在完成习作的过程中，学生自然而然地学会了如何有条理地状物，并真实地写出自己的感受。同时，口头表达能力和观察能力都得到提高。

（三）高年级段教学策略概述

高年级段的作文学习也分为记叙文和应用文两个部分。高年级的学生自我意识和各项能力逐渐增强，在掌握了一定的写作方法后更愿意写出自己的所见所闻，真情实感。因此，在这一阶段，教师除了利用有关的材料进一步使学生掌握审题、处理材料、细致描写等方法之外，应该留出时间给学生，引导其自由写作。教师则及时帮助学生将文章修改得更好，并使其懂得如何修改。

我曾给五年级的学生上过看图作文《已死的母熊》一课。习作前，我先请学生了解屠格涅夫的《麻雀》一文，目的是让学生感受伟大的母爱，营造出习作氛围；然后出示挂图，介绍作者，为学生积累课外知识，分析作者作图的意图，引导学生明确作文的主题，组织学生讨论挂图的内容，使得学生自己找到写作的素材；接着学生挑选自己感兴趣的段落练习，通过交流讲解，使学生互相取长补短，最后完成整篇习作。

教师在进行作文教学时，要把握好"收"与"放"的度。"收"得多，学生个性无法展现，兴趣无从培养。"放"得多，教师的指导性无法体现，部分基础薄弱的学生将成为课堂里的听众。我在这堂课中通过两个环节进行了"收"与"放"的摸索。一是开头的引入。学生通过比较发现了《麻雀》与挂图之间有着异曲同工之妙，通过教师的介绍，学生们还知道了图画作者丰子恺先生还曾翻译过屠格涅夫的《猎人笔记》。这个环节为学生创设了习作的情境，降低了习作的难度，更主要的是使学生在动笔前，对这篇习作产生了兴趣。二是最后让学生变换人称写作文。当学生分段练习之后，如果请他们将整篇文章写下来，那么肯定会出现作文雷同的情况，因为孩子们会不自觉地去模仿刚才被老师表扬过的段落。而当让学生变换人称来写时，雷同的情况就被避免了。学生们从不同的角度，用不同的人称完成习作，完全沉浸在创作的喜悦之中。他们将自己的独特的感受通过文字表达出来，写得十分精彩。同时，学生通过习作又一次体会到母爱的力量。在这堂课上还有二次修改讲评。通过师生互动讲评，学生修改习作的能力及对习作的鉴赏能力都得到了提高。

在高年级段，教师还应指导学生有效地进行课外阅读。我们都知道，广泛地阅读是写好作文的重要条件。在低、中年级也有阅读方面的要求，但因为学生理解能力有限，所以重点在于培养阅读的兴趣和习惯。到了高年级阶段，教师则应该逐步教会学生发现所阅读的作品中的长处，如何挑选适合自己的读物。一旦学生掌握了这种能力，那么一块极为广阔的阅读空间将出现在学生的面前。学生的思维、表达都将随之获得解放。于是，写作文就可真正成为学生的一种表达感受的需要，而不是别人强加于他的任务。

三个年级段的教学内容、方法虽然各有侧重，但将它们放在一起，其中是有着一条清晰的教学思路的，即作文教学应从低年级抓起。起步阶段应以培养兴趣为主，以听优秀的范文，说、写简单的句子、段落，培养语感，培养观察力、想象力为主。第二阶段应以材料作文和生活作文结合起来教学为主，从中学习审题、选材、描述等基本写作方法，加大培养口头、书面表达能力的力度。第三阶段应放手让学生自己去写，教师只在一旁加以点拨、引导、修改。如果将这条思路用最精炼的话来概括，那就是"起步宜早，兴趣先行，重视辅导，敢于放手"。主要教学方法概括地说，即以听、说为先导，以读、写为手段。仔细观察，练习句式，启发想象，组织比较。各有侧重，相互渗透。收放结合，螺旋上升。其教学内容的特点为：以记叙文为主，应用文为辅，材料作文与生活作文有序组合。

2003 年 12 月

附　记

　　这篇论文是十七年前写的。虽然现在的教材已经不同，各类作文教改的成果也不少，但重读旧文后，我还是决定将其收入本书。因为我觉得文中提及的理念没有过时，我将其用于教学实践，依旧有效。当然，毕竟岁月流逝，世事变迁，个别论述会有不妥，还请读者诸君谅解。

2020 年 5 月 1 日

中编　如是我讲

讲故事教作文

小　引

　　1998 年暑假，因为受了夏丏尊先生、叶圣陶先生合著的语文读物《文心》的影响，我写了一本面向小学生的作文故事书，十三万字。书中有二十二个故事，每个故事讲一个作文小知识。故事中的主要人物有的以我为原型，有的以我的学生为原型。有的故事内容是真实发生过的，有的则是虚构的。那本书只印了一次，六千五百册，很快就卖完了。2014 年暑假，我将其改写一遍，调整内容，减少字数。2015 年，这本书在海豚出版社重新出版，改名为《赵清遥的作文故事》，至 2018 年，共印了六次。2020 年，该书又推出新版。

　　有一位老师将书推荐给自己的学生，并要求他们一边阅读一边将隐藏在故事中的作文方法摘抄出来。我知道这个消息后急忙告诉这位同行——千万不要这样做。我将习作知识藏在故事里，为的是让学生将此书当作故事书来读。我希望小学生被故事中的情节吸引，然后多读几遍，读着读着，潜移默化、自然而然地习得写作文的方法。我自己读书写作的经历，以及我教学生学写作文的经历，都告诉我，为小学生讲故事，让他们通过喜欢的故事来学习是非常好的方法。

　　《赵清遥的作文故事》出版前，我曾在一家小学生作文杂志上开设专栏，每个月写一篇作文故事。其中有一部分尚未结集，现在汇编于此。在学生眼中，它们是一个个好玩的故事；在我眼中，它们是一篇篇别样的教学案例。

一、材料在哪里

赵清遥坐在书桌前，不时地用铅笔敲着桌上的本子。今天，老师布置了一项作业——写一篇小随笔，内容不限。写什么好呢？赵清遥有些犯愁。如果老师给一个范围还好，可现在……

"写作业呐。"爸爸不知什么时候出现在赵清遥的身后。

"今天老师让我们随便写一小段话，可我怎么也写不出。"赵清遥托着下巴愁眉苦脸地说。

爸爸低头看了看桌上一字没写的本子，想了想，忽然说："写不出就放一放，走，跟我买点儿水果去。"

听了爸爸的话，赵清遥有些奇怪。爸爸常说先完成作业再干别的，可今天这是怎么啦？"快走吧。"爸爸在催。"我就来。"

外面下着小雨。行人们撑着各种各样的伞急急地走着。雨点打在路边的梧桐树叶上，发出轻柔的"沙沙"声，空气中弥漫着浓浓的白玉兰花的香气。赵清遥抬头望望天空，细细密密的雨丝落在脸上，凉凉的。

水果摊前，一位老大爷正把选好的橙子递给摊主，一边还说："称得准一点儿，别缺分量。"

"大爷，您放心。我这摊儿摆在这里都好几年了，一直是规规矩矩地做生意。"摊主忙不迭地回答。

赵清遥和爸爸走到一堆苹果前挑选着。"这是我刚进的红富士，又脆又甜，您来点儿。"摊主接过老大爷手中的钱又忙着招呼下一个顾客了。这些苹果还真不错，又大又红，拿在手里沉甸甸的。一会儿，爸爸就挑好了。摊主称了称，笑着说："十五元三角，您是老主顾了，就给十五元钱吧。"

"那就谢谢了。"爸爸也笑着。

父子俩慢慢地向家走去。忽然，爸爸扭头说："怎么样，找到材料了吗？"

"什么……"赵清遥没明白，可马上又反应过来，"爸爸，你是让我把买苹果的过程写下来？"

爸爸点了点头，又说："你看还可以写什么？"

"还可以……写……"赵清遥抓了抓头皮，"还可以写苹果！"

"是啊，"爸爸笑着说，"如果你不想写买苹果的事，也不想介绍苹果，那还可以写写雨中的街景，写写那位老大爷，写写那个小摊。"

"真没想到，出来买一次水果，竟然找到了这么多材料。"赵清遥有些兴奋。

"我猜想老师让你们写随笔就是为了帮助你们积累生活中的写作素材。生活是写作的源泉啊。生活中有各种各样的人物、事情、景色、物件，虽然有的大，有的小，有的复杂，有的简单，但只要你认真观察，细心琢磨，有了真情实感，就可以写成文章。"说着说着，父子俩已来到家门口。爸爸正掏钥匙，赵清遥一下子叫起来："对了！"

"什么？"爸爸被这冷不丁的叫声吓了一跳。

"爸爸，我又找到一个材料。那就是爸爸教我找作文材料。"赵清遥边说边笑。

"嗨！这孩子……"

门开了。赵清遥跑进房间，埋头写起来。

二、可爱的"西瓜"

"汪、汪、汪……"赵清遥刚走到家门口，就被一阵狗叫声吓了一大跳。哪来的小狗啊？赵清遥循着叫声张望着。邻居家的大门开着，门口站着一只全身雪白的小狗。它正紧张地盯着赵清遥，大声叫唤。小狗的主人——胖胖的李阿姨从房间里走出来，一边摸着小狗的头，一边说："别叫了，别叫了。"小狗真的不叫了，乖乖地靠在李阿姨的脚边。

"李阿姨，这只小狗是你刚买的吗？"赵清遥走近小狗。小狗探出脑袋嗅着赵清遥的裤腿。

"买了一个多星期了。不过，见到你还是第一次，所以它才叫个不停。"

赵清遥蹲下身子，仔细打量小狗。它的毛可真长，又圆又亮的眼睛，黑黑的鼻子，还有突出的嘴几乎都被盖住了。嘴两边的毛特别浓密，乍一看，就像两撇胡子。小狗的耳朵也十分有趣，毛茸茸的。小狗低头时，它们是耷拉着的，而抬头时，就竖立起来。赵清遥越看越喜欢，想伸手去摸，又有些犹豫。"没关系，它不会咬你的。"李阿姨看出了赵清遥的心思，笑眯眯地说。赵清遥听了，就慢慢地伸出手。小狗抬起头，盯着那只手，好像随时准备应付危险似的。当赵清遥的手轻轻落到它的头上缓缓移动时，小狗才明白没有危险，还亲热地摇着尾巴。那尾巴简直就是一个小绒球，真是可爱极了。

"李阿姨，它叫什么名字？"

"它叫西瓜。"

赵清遥笑出声来。"这名字真有趣。西瓜，西瓜。"赵清遥叫了两声。小狗听见了，立刻斜着脑袋，看着赵清遥。赵清遥高兴极了："它听得懂，它听得懂。"

从此，小狗"西瓜"成了赵清遥的好朋友。每天放学回到家，赵清遥就会和"西瓜"玩一会儿。

这天中午，鲁历从书包里掏出一本画册，对赵清遥说："我带了一本《丁丁历险记》，可棒了，咱们一起看吧。"说着就翻开了书。赵清遥看着书里的一只小狗情不自禁地说："真像'西瓜'呀。"

"什么西瓜？这只小狗是丁丁的伙伴，名叫白雪。"鲁历得意地纠正道。

"我是说这只小狗长得像我邻居家的小狗——西瓜。"赵清遥详细地介绍着"西瓜"可爱的样子。

"它可机灵了。有一次，我带'西瓜'到楼下散步。一转眼它就跑远了。我连忙叫它回来。它听见了就往回跑。谁知半道上一个陌生的叔叔也冲着'西瓜'喊它的名字。'西瓜'一下子站住了。那位叔叔走过去想摸它。突然，'西瓜'大叫起来。那人吓了一跳，等他反应过来，'西瓜'已经跑到我的身边了……"

"你真该把这些写下来。"赵清遥扭头一看，说话的原来是王老师。

"怎么写呢？"赵清遥腼腆地笑着。

鲁历急忙说："赵清遥，你刚才讲了小狗的样子又说了一件有趣的事，把这些整理一下写下来不就行了嘛。"

赵清遥看看王老师，王老师笑着点点头。

两个星期后，校报上刊出了赵清遥的习作《可爱的"西瓜"》。文章旁有一张"西瓜"的速写，很传神，是王老师到赵清遥家家访时画的。赵清遥把文章和画像剪下来，复印了一份，一份自己留着，一份贴在"西瓜"的"家里"。"西瓜"常在剪报前闻来闻去，好像在欣赏自己的画像呢。

三、蚂蚁工坊

"妈，我回来啦！"赵清遥一进家门就直奔书房。正在厨房做饭的妈妈很好奇，跟进去想看个究竟。只见赵清遥从书包里取出钢笔、本子，趴在书桌上写着。妈妈很高兴，赶紧轻轻地退出来。

吃晚饭了。妈妈端出一条清蒸鳊鱼，鱼身上放着葱姜，房间里飘着一股特殊的香气。这是清遥的"最爱"。清遥见了，心情更好，笑嘻嘻地大叫："好大的鱼啊！"

妈妈一边盛饭一边问："作业都做好了吗？"

"都好了！连作文也写完了。"清遥往嘴里塞了一个菜心。

"是吗？今天怎么这么快啊！写的是什么啊？"妈妈越来越好奇。

"告诉你，妈妈，今天王老师给我们看了一样有趣的东西，叫蚂蚁工坊。"

"是蚂蚁？"妈妈好奇地问。

清遥继续说："是的。今天作文课上老师给我们看他带来的一只纸盒子。盒子上好像画了一些蚂蚁。他让我们先观察，再站起来介绍看到的东西。我一开始也有些奇怪，吃不准到底是什么，就没敢举手。鲁历发言了，说里面估计是蚂蚁。后来，老师就把盒子打开了。我们都伸长脖子去看，盒子里有一个扁扁的玻璃盒，里面放着蓝色的东西。后来老师又从一旁取出一个小玻璃管子。管子的两头用棉花球塞着。我一眼就看到里面有东西在爬，我当时想，果真是蚂蚁啊！"

"你们王老师真有趣，又不是自然常识课，给你们看蚂蚁做什么？"

妈妈笑着说。

"是啊！我也纳闷，不过那时我所有的注意力全在蚂蚁身上了。王老师让一个同学读说明书，他自己照着说明书上的步骤，一点一点把蚂蚁放到玻璃盒里。有一只蚂蚁总不肯进去，王老师只好用嘴吹。对于小蚂蚁来说，那可是超级飓风啊！哈哈……"

妈妈一边往清遥碗里夹菜一边说："这下你的那些同学一定兴奋坏了吧？"

"是啊！教室里议论纷纷。有的在问老师蚂蚁吃什么，有的在问蚂蚁会不会憋死，有的在问蚂蚁会不会在里面打洞，有的在问蚂蚁会不会逃出来。坐在最后的小涵还跑到讲台前看。后来，王老师把玻璃盒拿下来，让我们仔细观察。"

"那是我们平时见到的蚂蚁吗？"妈妈问。

清遥吃着鱼说："不是的。那是黑色的。个头很大。老师说是山蚂蚁。蓝色的东西就是营养土，是蚂蚁的食物。它们还会在里面挖洞呢！所以，玻璃盒叫蚂蚁工坊。"

"哦……"妈妈一听，好像想起了什么。

"我们叽叽喳喳议论了好一会儿，王老师说，今天的作文就写《蚂蚁工坊》。"

"哈，原来是这样啊！那你会写吗？"妈妈问。

"当然会啊！我不是已经写好了吗？"清遥得意地说，"只要把课堂上老师、同学说的话，我看到的情景，我的想法写下来就行了。今天上课我特别认真，所以写起来很快。"

"啊？那不是要写得很长吗？"妈妈笑着说。

清遥站起来，从书房里取出自己的作文本，递给妈妈，说："老师说过，不需要把所有看到的、听到的都写下来，只要写出主要的、印象深的部分就可以。"妈妈打开本子看起来。

蚂蚁工坊

今天，王老师拿了一个大盒子，神秘地问我们：你们知道这是什么吗？看着盒子上的图片，很多同学争先恐后地举手发言。有的说这是一个藏宝盒，有的说这是蚂蚁洗澡的水，还有个同学说："那个东西是养蚂蚁的，白的是蚂蚁挖的地道，蓝的是一种特殊的泥土，也是蚂蚁的养料。"同学们听了，也觉得有道理。

过了一会儿，王老师拿起了盒子，把盒子转来转去，我想可能是在找开口吧！终于，老师把盒子打开啦。只见里面有一个弧形的玻璃盒和一个小管子。接着，老师拿出了那个小管子，说："这里面就是蚂蚁。"真是蚂蚁啊！我心想。王老师在弧形玻璃盒上面打开了一个小孔，把蚂蚁放了进去，为了让我们看得清楚些，王老师还拿了一把椅子放在桌上，又把弧形的玻璃盒放了上去，说："这叫蚂蚁工坊。蚂蚁可以在这里面生活、繁殖。"

"叮铃铃……"下课了，同学们涌上了讲台，小孙被挤得满脸通红。我们等着看蚂蚁挖洞的样子。可是王老师说它们要等 24 个小时或 48 个小时才能挖洞，因为蚂蚁要先熟悉一下新的生活环境。"唉，真扫兴！"许多同学都这样叹息着。不过我们今天还是学到了不少东西。

"啊，一堂生动的作文课！"

晚上，清遥睡了。妈妈从网上找到了蚂蚁工坊的一些资料，打印出来后，悄悄放在清遥的书桌上。因为清遥说，王老师过段时间还会让大家观察蚂蚁们挖出的"地下宫殿"。

四、一个陌生人

"叮咚……叮咚……"

赵清遥正在写作业，门铃响了。爸爸打开门一看，一个穿着工作服的叔叔站在门口："我是来清洗饮水机的。"

赵清遥很好奇，放下手中的笔，走出房间。只见陌生的叔叔拿起一个墨绿色的袋子，把它放到厨房里，再把饮水机也搬到厨房，搁在水池上。清遥暗想：这就要开始洗了吧。

只见叔叔从袋子里拿出一个铁盒子，里面塞满了棉花，棉花上放着一些小工具。他取出一把小镊子，扯下一块棉花，用小镊子夹着，塞进出水口，使劲转了几下。见清遥看得起劲儿，叔叔就把棉花放到他的面前，问："你看，脏吗？"看着棉花上的黄色水垢，清遥点了点头。叔叔用镊子夹住棉花又擦了另一根出水管，一边擦一遍问："小朋友，你几岁了？"

"十一岁。"清遥回答。

"在哪个学校读书啊？"

"在建设路小学。"

"呦，你是小干部啊？"叔叔很细心，看到了清遥衣服上的小队长标志。

清遥脸一红，"嗯"了一声。

"帮我倒一碗温水，好吗？"叔叔说。

清遥赶紧走到消毒柜前，取出一只小碗，先倒了一些冷水，再倒了一些开水，然后小心翼翼地端给叔叔。趁着这个时候，清遥看清了叔叔的脸：黑黑的，圆圆的，浓眉毛，薄嘴唇。

叔叔接过小碗，用手指探了探水温，随后把水倒进插水桶的地方，再打开饮水机上的一个开关，水就流出来了。

"哦，我明白了。这是用温水清洗饮水机的里面吧。"清遥恍然大悟。

叔叔笑着说："是啊！你真聪明。"

最后，叔叔用棉花把饮水机整个擦了一遍，把饮水机放回原处后，从包里取出一张单子，对爸爸说："请您在这里签个字。"

爸爸看了看单子，低头签字。叔叔在一旁嘱咐说："装上水桶之后，先用两个龙头各放掉一杯水。"

叔叔走了。清遥忽然想起什么来，问："爸爸，为什么一定要用温水洗饮水机的内部啊？"

"刚才你怎么不问啊？"爸爸说，"我想大概是因为温水更容易洗干净吧。下次你再问问洗饮水机的叔叔。"

正说着，妈妈买菜回来了。"你们在说什么啊？清遥，作业都做完了吗？"

"只剩下日记没有写了。"清遥回答。

"哦，是不是又找不到材料，在问你爸爸啊？"妈妈一边把菜放进冰箱一边说。

"哈哈……"爸爸笑起来，"这回，你就猜错了。今天清遥已经找到一个很好的材料了。"

听了爸爸的话，清遥立刻反应过来："对啊！我已经有材料了。日记的题目就叫《一个陌生的叔叔》，怎么样，很不错吧！"

清遥这么一说，妈妈好奇起来："一个陌生的叔叔，是谁啊？好像很有悬念啊？"

"现在不告诉你。等写完给你看。"清遥故作神秘状。

突然，门铃又响了。

妈妈赶紧开门——是送水工来送水了。

"嘻嘻，又是一个陌生的叔叔。"清遥小声对爸爸说。

五、扬州的空竹

"我要写点儿扬州的事情。"清遥忽然扭头对妈妈说。

妈妈正专注地看着报纸，一时没有反应过来。"嗯……什么……你要写写扬州……"

"是啊！"

"那太好了！"妈妈放下报纸，笑嘻嘻地看着清遥。以前，清遥对外出旅游没什么兴趣。因为每次游玩结束回到家，他就要为爸爸布置的游记发愁。可是最近，清遥在写作方面进步很大，这次爸爸没有让他写游记，他竟然自己提出要写。妈妈当然高兴了。

事情是这样的："十一"长假里，爸爸妈妈带着清遥去了一次扬州。扬州真是个好地方，历史悠久，古迹很多，城市不大，保护得很好。清遥一家没有参加旅行团，而是选择了自助游。爸爸觉得这样游览比较自由，能看到自己想看的东西。清遥一家在扬州住了三天。每天早上先到富春茶社喝早茶，吃包子，然后就是观光。风光秀丽的瘦西湖、雅致的寄啸山庄、古意盎然的平山堂、清静的朱自清故居、独特的个园，一一走来，真让清遥大开眼界。

"我们在扬州玩了那么多地方，你想选择哪个景点写啊？"妈妈问道。

"我准备写个园……"

"是吗？那好啊！个园很不错啊！一个园子里安排出四个季节的景色，很值得一写……"

"不是的，不是的……"清遥打断妈妈的话，"你听我说完呀。我准备写个园里的空竹。"

"为什么写这个啊？"妈妈奇怪地问。

清遥笑嘻嘻地回答道："等一会儿，你就知道了。"

不到半小时，清遥写完了。

扬州空竹

"我要写点儿扬州的事情。"听到这句话，你一定以为我要写扬州的小吃。那么你就错了。我其实想写一种玩具——空竹。

长假里，我和爸爸妈妈去扬州个园游玩。一路上，我们看到了许多漂亮、奇特的竹子。忽然，我的目光被一块白色的布吸引住了。走近一看，上面写着四个大红字：扬州空竹。我心想，这一定是种奇特的竹子，难道它是空心的吗？我放眼望去，只看见一片草坪，没有看到竹子。找不到竹子，却发现了一个卖玩具的小摊。

这种玩具有点像哑铃。不过它的中间不是一条铁棒，而是渐渐变细，中间最细的地方是铁的，其他地方都是塑料的。另外，还有两根棒子，棒子的一头系着一根绳子。这么着，就把两根棒子连起来了。原来这就是空竹。

玩的时候，用绳子在空竹上绕一下，左右手各拿一根棒子，系绳子的一头朝着前方。左手抬高不动，右手一提一提的，如果空竹从绳子上掉下来，就算输。

我看了一会儿，来了兴致，央求妈妈让我去试一试，她同意了。于是我向人家借了一个空竹，开始抽动。可怎么也弄不好。那位卖空竹的中年妇女走过来，手把手地教我。我练了半天，脱口而出："好难啊！""难的不会，会的不难。"那位大妈笑了，"多练练就好了。"听了大妈的话，又掌握了诀窍，我开始有点儿会玩了。爸爸也试了一下，还不如我。我兴奋极了——以前，我从来没有在任何地方超越过爸爸。正当我玩得尽兴，就听见后面传来说话声："这个孩子玩得不错啊！"我真高兴。本来是我去试一试，最后变成我和爸爸抢着玩。不用说，我们最后买了一个空竹。

我一定要好好练习，让我手里的空竹变成"会的不难"。可是，它为什么叫空竹呢？我得好好研究研究。

爸爸回来了。

"爸爸，我今天写了篇和扬州有关的作文。你猜猜，我写的是什么？"

爸爸想了想："估计是空竹吧。"

"啊！你怎么猜到的？"妈妈惊讶极了。

爸爸笑着回答："你想啊，小孩子对于风景和玩具，肯定会先选择玩具嘛。清遥从扬州回来后，不是天天在练习抖空竹吗？"

六、先见之明

作文课上，王老师请沈池为大家讲一件亲身经历的事情。沈池大大方方地站在讲台前，绘声绘色地讲起来：

上个星期六，我要去音乐学院参加钢琴二级的考试。爸爸妈妈为了联系方便，让我带上手机。临出门时，我才发现两块电池板里的电都不足，我对爸爸说："我把两块电池板都带上吧。""不用的，就带一块吧。"爸爸着急地说，"快走，要来不及了。"

于是我们一起出了门。

到了考场，爸爸去办事了。妈妈在考场外等我。我独自去考试。考试很顺利。出了考场，我看见很多家长站在学校门口，等自己的孩子。接着，妈妈带我去商店买鞋。临近中午，收银员们轮流吃饭，人手不够，结账很慢。好不容易轮到我们了，突然我听见手机在响，赶紧掏出来看，屏幕上显示出爸爸的电话号码。我连忙按下按键，刚说了"喂"，电话就挂断了——真的没电了。

妈妈说："之前爸爸一定打了好几个电话，商场里太吵，你没有听到，把电用完了。"

"爸爸联系不到我们会着急的，妈妈你快打电话给他。"

"早上出来太急，我忘记带手机了。"妈妈无奈地说。

"啊？那怎么办？"

"找一个公用电话吧。"妈妈一边张望一边说。

我们出了商场，走进一个小店。柜台上有一部电话机。妈妈上前询问："能借一下电话用吗？"

"不行。"营业员拒绝了我们。

我们又去了肯德基和麦当劳，都没有找到公用电话。最气人的是，我们看到了不少电话亭，可是都要用卡才能打。最后，我们总算在一个书报亭里打成了电话，结束了这场"电话危机"。值得一提的是，书报亭里的叔叔没有趁人之危。我们打完电话给他一元钱，刚想走，他叫住我们，说："只要五角。"

后来，见到爸爸，我说："还是我有先见之明吧。这就是'不听小孩言，吃亏在眼前'。"听了这话，爸爸妈妈都笑了。

故事讲完了，同学们听到最后一句话都笑起来。因为沈池把"不听老人言"改成了"不听小孩言"。

王老师问大家："大家觉得沈池的故事有意思吗？"

"有意思啊！"大家异口同声。

"那么现在就请大家帮沈池出出主意，在这个故事里，有哪些材料可以写成作文？"王老师又问。

鲁历在座位上说："把沈池讲的这个故事都写下来，不就是一篇作文吗？"大家听了，又笑。

赵清遥举手说："我觉得找电话的过程可以写成作文。"

寇佳艺说："我觉得单是钢琴考试就可以写成作文啊。"

"这是因为你也在学钢琴吧，所以比较有感触。"王老师插话道。

陈芳说："如果是我，我就把拒绝沈池的营业员和书报亭里的叔叔对照写。"

同学们你一言我一语，说得很热闹。王老师问沈池："沈池，让你自己选，你会选什么材料？"

沈池想了想，回答道："我的想法和鲁历一样。"

"耶——"鲁历高兴地欢呼起来。

"同学们，刚才大家的意见都很好。"王老师继续说，"我常讲，作文材料就在生活中，关键就看你能不能去发现。不同的人面对同一件事情，会有不同的想法、见解。在选择作文材料时，尽量选自己印象深，感受强的，这样的材料才能让你写得好，写出你的独到之处。"

七、小解说员

今天爸爸下班早，就来到学校门口，等赵清遥一起回家。

下课铃声响了，不一会儿，爸爸就看见赵清遥蹦蹦跳跳地跑出来。

"爸爸……"清遥看见爸爸，有点意外。

"今天正好路过你们学校，所以等你一起回去。没想到吧？"爸爸笑着接过清遥的书包，"作业多吗？"

"还行。"清遥说，"爸爸，我告诉你一个好消息……"

"好啊！"

"我们学校下周一要接待一批从外地来参观的老师，我被选为小解说员了。"

爸爸一边牵着清遥过马路一边说："那你可要好好表现啊，为外地的老师介绍得详细点。"

"就是啊。我分到的任务是带一位老师参观我们的校园。王老师说，最好先写一份解说稿，看熟，这样正式介绍的时候就不会慌张了。"

爸爸问："那其他同学也是像你一样吗？"

"有的和我一样——带外地的老师参观，有的不一样。沈池她们是为老师们表演节目。"清遥抓抓头皮，"我从来没有写过解说稿，爸爸，你说怎么办啊？"

"哈哈……"爸爸笑起来，"很简单啊，你现在就把我当作外校老师，给我介绍一下校园，然后回家写下来，不就可以了吗？"

"可现在是在路上啊……"

"没关系的，就当是模拟练习好了。"

清遥一想，也对，好在校园的情况都在他脑子里装着呢。于是，他一边走，一边就说起来。

"老师，您好……"

爸爸听了，"扑哧"一声笑出声来。

"爸爸，你怎么笑我啊……"

"对不起，对不起，我刚才有点不习惯。重来，重来。"爸爸忙不迭地说。

"老师，您好，欢迎您到我们学校做客。"

"好的，谢谢你，小朋友。"爸爸扮演得有模有样的。

"走进校门，您的左手边是自行车库，右手边是门卫室。您的正前方是一座白色的塑像……"

"不对吧，我记得那是三座塑像……"爸爸纠正道。

"哦。您正前方是三座白色的少先队员塑像。他们分别拿着呼啦圈、书籍、模型飞机。往前走就是小花园。小花园的右边是新大楼。往左看有一条红色的跑道，沿着跑道往前走就是操场。站在操场上，可以看到我们的教学楼。"

清遥没有再说下去。

"没了？"爸爸问。

"是啊。我们的校园不大，就是这些了。"

"这也太简单了。你把校园里的每个景物的方位介绍得很清楚，这挺好。但是每个景物的情况你没有介绍啊，不能光说校园里有什么，最好再说说有关的信息。比如，三座塑像的含义，教学楼里有哪些专用教室，你们最喜欢校园中的什么地方，等等。这样，别人听了才会满意啊。单是介绍有什么，别人自己也会看啊。"

"我们当然最喜欢小花园啊。"

"那你说得具体点。"爸爸说。

"塑像后面有个小花园。平时，大家会到这儿的蘑菇亭里休息玩耍。这里的地砖是六角形的，大部分地砖是红色的，一小部分是白色的。所以我们常在这里玩'熔岩小岛'的游戏。这里还有一个鲜为人知的秘密呢……"

"啊？"爸爸很好奇。

"在这里可以看到塑像底座上刻着一行小字——资助单位：蒲明区园林所一九九一年九月一日立。因为刻得不深，颜色不明显，很少有人看得出来。"清遥得意地说。

"这样介绍，外地老师一定会觉得你是个细心的孩子，你很关心自己的校园。其他部分也应该这样介绍，要说出自己的感受才好啊。等你完成了解说任务，把自己的解说稿修改一下，就是一篇很不错的习作。"

清遥笑着说："题目就是《我的校园》。"

八、雾中的大厦

"王老师，今天的雾可真大啊！"鲁历一进教室，就对着王老师大呼小叫。

王老师正站在窗前看雾气。今天的雾确实大，两三米以外就完全看不清了。关校门的时间已经过了，可很多同学还没到校。

窗开着，白色的雾气竟慢悠悠地飘进教室，教室里仿佛变成了云雾缥缈的仙境。几个男同学好奇地想看个究竟，还没有走近，调皮的雾气就散得无影无踪了。

上课铃声响了，同学们陆陆续续都到了。第一节是语文课，王老师说："今天大雾，哪位同学给大家介绍一下上学路上的见闻？"

大家小声议论了一会儿，纷纷举起手。寇佳艺说："我乘公交车来上学，车开得很慢，来来往往的车辆都开着灯呢。很多人都在说今天要迟到了，有一个人却说，今天迟到没关系，因为是大雾天。"

郑华说："爸爸骑车送我来学校。到学校后，我发现自己的头发是湿漉漉的。"

鲁历说："虽然有雾，但是我觉得空气好像比平时要好……"

"不对，不对。"赵清遥打断了鲁历的话，"报纸上说，雾天的空气质量不好，因为很多灰尘都在雾里散不掉。"

"是吗？"鲁历有些意外。

王老师点头说："赵清遥说得对。"

大家你一言我一语地交流着自己的感受。等大家谈得差不多了，王老师说："今天我们就来写写大雾怎么样？"

话音刚落，教室里立刻响起一片"啊——"的叹息声。

鲁历性子急，坐在座位上就说："王老师，这大雾没有气味，没有形状，抓不到，碰不着，怎么写啊？"

王老师笑了笑，说："那我来写个开头。"说完，就在黑板上写下两句话：

白茫茫的雾遮住了我的视线。窗外不远处的那幢大厦，我只能看见它的隐隐约约的轮廓。

王老师一边写，大家一边在底下小声地念。

王老师指着窗外的大厦说："我写的是雾中的大厦，现在，雾开始退了，请大家仔细观察这幢大厦。"

听了这话，同学们纷纷扭头望着窗外。真像王老师写的那样，只能看清大厦的轮廓。不是王老师提醒，同学们还真没有注意到雾气在消散。雾气消散得很快，只一会儿工夫，灿烂的阳光已经普照大地。

"大家觉得雾气难写，那就写这幢大厦吧。你可以写雾中的大厦，也可以写雾气消散后的大厦。选自己印象深、感兴趣的内容来写。"王老师好像临时改变了主意。

"要写多少字啊？"鲁历问道。

"字数不计，有话则长，无话则短，写清楚就好。"

大家打开本子，埋头写起来。不一会儿，就写好了。王老师把陈芳和沈池请到讲台前，让她们交流自己的习作。先是陈芳分享：

过了一会儿，雾被拨开点了。薄雾笼罩中的大厦像一位披着白色面纱的仙女，亭亭玉立。我竭力擦亮眼睛，想看清"庐山"真面目，可是一切都是白费。太阳已升到了半空，就像一只被蛋清包裹着的金黄色蛋黄。你能盯着它看，一点不刺眼。

再是沈池分享：

不知不觉中，雾散尽了。阳光射过来了，大厦变得银光闪闪，一块块蓝宝石般的玻璃幕墙折射出耀眼的光芒。尖尖的楼顶直冲云霄，笔直的楼身刚毅挺拔，裙楼就像撑开的后翼深深地扎进土里，整幢大厦像一枚正待发射的火箭。再放眼望去，远处一幢幢高楼大厦鳞次栉比，经过浓雾的洗礼，好像显得更精神了。

王老师请同学们谈谈听后的感受。郑华说："我觉得很巧妙。她们写的片段合在一起再加上老师写的，就是一篇作文啊！"

王老师笑着说："鲁历，你觉得她们写的是什么啊？"

"大厦啊……"突然，鲁历好像一下子想起什么似的，又叫起来，"哦，她们还写了雾气，还写了雾气啊……"

一些同学听了鲁历的话，还没有回过神来，大家就叽叽喳喳地议论开了。

九、一幅国画

王老师的兴趣爱好很广泛，琴棋书画，草木虫鱼，集邮收藏，旅行摄影等，都喜欢。上课时，他常常会引申开去，介绍一些书本上没有的，又是大家喜欢听的知识。每当别人夸奖王老师知识丰富时，他总是腼腆地笑笑："我是三脚猫而已。"有一次，王老师又在办公室里说自己是三脚猫，碰巧，鲁历在旁边听到了。一回到教室，他就对赵清遥说："我刚才听见王老师说自己是三脚猫，哈哈……三脚猫……哈哈哈……"鲁历笑得直不起腰来。清遥奇怪地看着鲁历："这有什么好笑的啊？"

"三脚猫……哈哈哈……"鲁历还在笑。

清遥猜想，现在鲁历的脑海里一定出现了一只奇怪的三脚猫，说不定还在一蹦一跳地向前走。否则为什么笑成这个样子。

"三脚猫就是形容自己什么都知道一点儿，什么都学得不精……"

鲁历的笑声轻了一点："我知道，我就是觉得很有趣……哈哈……"

正笑着，上课铃响了，王老师走进教室，手里握着一卷纸。今天上的课文是篇写景的文章，王老师讲得很仔细，同学们听得也认真。快要下课了，几个细心的孩子注意到，王老师拿来的那卷纸一直在讲台的角落里放着。

郑华探出头，小声问坐在前面的鲁历："那卷纸是做什么的？"

"我怎么知道？"鲁历半转过身轻轻回答。

"你不是刚才下课时在办公室里吗？"

"哦……可是我没注意啊……"说着，鲁历忍不住伸长脖子望了望讲台。

"郑华和鲁历，你们在说什么啊？"王老师放下书本问，边问边拿起那卷纸，"鲁历，来，帮一个忙，我知道你们想知道什么，我们一起把这个打开。"

王老师和鲁历一起展开了那卷纸。同学们眼睛瞪得大大的，后排的同学还跑出座位，想看个究竟。

"哇……是一幅国画啊……"

"王老师，这是谁画的？"

"鲁历，拿得高一点，我们看不清！"

大家七嘴八舌，教室里"热气腾腾"。

"这是我请美术组的许老师画的。大家看看这幅画和我们的课文有什么联系？"

教室里安静下来。画上，远处是被云雾缠绕的山峰，山间古树参天。半山腰有一块空地，空地上盖了一座凉亭。山脚下，一条小溪蜿蜒流过，小溪中央漂着一片红叶，好像正在漩涡里打转。

不一会儿，郑华举手说："这幅画的内容和课文倒数第二自然段几乎是一样的。"

课文倒数第二自然段这样写道：

水是怎样的开心呵，她将那可怜的迷路的小红叶儿，推推挤挤地推到一个漩涡里，使他滴滴溜溜地打圆转儿；那叶向前不得，向后不能，急得几乎哭出来。水笑嘻嘻地将手一松，他才一溜烟地逃走了。

"大家再看看许老师是怎么画小溪的？"王老师问道。

鲁历离画最近，没等大家反应过来，就说："许老师没有画小溪啊！"

"啊——"不知谁叫了一声。

鲁历连忙解释："我的意思是许老师只画了小溪两岸的花草、斜坡、石块，剩下中间那段白色的纸看上去就变成小溪了。真有意思。"

"画有形的花草石块，衬托出无形无色的溪水……"

王老师话未说完，鲁历突然又说道："老师，老师，这下我全明白了。前天沈池他们写雾气也是这个道理啊……"

十、找出关键词

这节课是作文课，王老师夹着一叠纸走进教室。教室里很安静，同学们等待着老师开始讲课。奇怪，王老师并没有说话，而是先把那叠纸分发给同学们。原来纸上印了一篇作文。王老师见大家都拿到了讲义，说："同学们，请大家先用几分钟快速阅读一下讲义上的作文。"话音刚落，同学们纷纷低头看起来。

玩得真开心

同学们，也许你们见过结婚喜宴，办丧事的丧宴，过年时的阖家宴，可你们是否见过由两个十来岁的孩子"掌勺"的泥巴"酒宴"？那年暑假，我和卢锦看见场地上有堆积如小山的沙土，便突发奇想——何不用现成的材料做一桌泥巴菜肴呢？

说干就干，我和卢锦端来水，采来许多野花、野果和形状各异的叶子等。一切准备就绪。我要先做一个特大的"冷盘"。卢锦负责放水，和泥，然后用泥土捏了个盘子。我把捏好的泥蛋像分割松花蛋一样分成橘瓣状，摆在"冷盘"四周，缀上粉色野果，还放上了芭蕉叶。接着，我用一大堆泥做了一个底座，这样就做成一个可以托的五彩缤纷的"冷盘"。我感到很满意。这时，卢锦左手托起盘子，怪声怪调地叫了声"菜来啦——"这一声喊让我笑得前俯后仰。

卢锦看我做好了"冷盘"，不甘示弱，做起他最爱吃的糯米团子。他在泥土中加入适量的水，和好"面"，再搓成夹了"果酱"的团子。糯米团子是白的，他做的却是黑乎乎的。这可怎么办呢？这时，卢锦家的小白狗走了过来。卢锦的眼睛一亮。原来，由于天气炎热，小狗正在褪毛。只见卢锦走到小狗身边，把黑团子放在小狗身上滚了几下，一个白团子立刻出现了。我一边笑，一边说："你这不是糯米团子，是狗毛团子。"卢锦也不好意思地笑了起来。

最后，我把一些水倒进玻璃瓶，加入几滴风油精，几滴蓝墨水，一点桔子汁，再在瓶口插上麦秆，放上半个野果，做成了一杯绿不绿蓝不蓝的香香的"鸡尾酒"。

当夕阳西下时，丰盛的"酒席"做好了。再看一直忙得不亦乐乎的两位"大厨师"的手，也成了餐桌上的一道菜——熊掌了。我和卢锦你看看我，我看看你，都哈哈大笑起来。

多么有趣的泥巴宴啊！

文章不太长，不一会儿，大家又纷纷抬起头来。王老师笑眯眯地说：

"谁来说说自己阅读后的感受？"

一些同学举起手。

王强说："我觉得小作者写得很好，很有趣……"

"你觉得哪里有趣啊？"王老师问。

"我觉得他们做糯米团子最有趣。作者说，不是糯米团子而是狗毛团子，看到这话我就想笑……"同学们都小声笑起来。

陈芳说："我觉得这篇文章很具体，作者把自己怎么做泥巴宴的情景介绍得很清楚，让我有身临其境的感觉。"

郑华说："我觉得作者是围绕着题目来写的……"

"为什么这么说呢？"王老师仍旧笑着问。

"题目叫《玩得真开心》。作者和小伙伴一起做泥巴宴就是在玩啊，而且他们一边玩一边在笑，当然就说明很开心啊。"郑华解释道。

王老师点点头说："郑华说得非常好。这篇作文的确是紧紧扣住了题目来写的。我猜想，作者拿到这个题目时应该是一下子就找到题目中的关键词——开心，然后围绕着'开心'去找材料。"

"老师，老师……"郑华突然又举手要发言。

王老师示意他发言。

郑华说："我觉得'玩'也是关键词啊。"

"哈哈……"王老师笑起来，"是的，'玩'也是关键词。其实这篇作文要记录的就是一次玩耍或者一次游戏。"

王老师接着说："今天我要给大家介绍一种审题方法——明确中心审题法。写一篇作文就要通过文字表达一种意思，这就是文章的中心，也就是写文章的原因。文章的中心有时体现在语句中，有时也会在题目里体现。当我们拿到一个命题作文的题目，首先要看看题目里有没有反映文章中心的关键词。如果你找到了关键词，那么就可以依据关键词来寻找材料。写好作文，再回过头来看看文章内容是否与关键词一致。"

听到这里，郑华忍不住小声对同桌说："这真是个好办法。"

"我现在出几个作文题，请大家来找找其中的关键词。"王老师边说边写。不一会儿，黑板上出现了一排作文题目：

愉快的一天

有趣的夏令营

难忘的一件事

我成功了

我错了

那一天……

同学们七嘴八舌地议论着:"愉快""难忘""成功""错""一件事""一天",等等。

王老师听了,说:"大家找得不错。那么第六个题目呢?"

大家都不吱声了。

过了一小会儿,王强说:"这个题目里好像没有关键词啊?"

"是的。"王老师挥挥手,让王强坐下,"这个题目看不到明显的关键词……"

急性子的郑华插嘴道:"那怎么办啊?"

"看作文题的具体要求啊。虽然通过找体现中心的关键词是一个好办法,但我们在完成习作前还是应该认真读一读题目要求。"说完,王老师在黑板上又写下一个作文题:我心爱的( )。

王老师解释道:"这是一个半命题的作文题,但我们一下子就可以看出其中的关键词是'心爱'。请大家来交流一下自己心爱的东西。"

教室里热闹起来。

"心爱的文具盒。"

"心爱的礼物。"

"心爱的书。"

"心爱的洋娃娃。"

"心爱的小狗。"

……

第二天,王老师选了一位同学的作文讲评。讲评前,他出了一个思考题给大家:"这篇作文中哪些描写扣住了'心爱'一词?"

我心爱的洋娃娃

我心爱的洋娃娃是我过三岁生日时，爸爸送给我的。那时，它只比我矮一头。

我最喜欢这个洋娃娃。那红嫩的小脸上嵌着一双蓝色的眼睛，鲜红的小嘴抿得紧紧的，像在动脑筋思考着什么。金黄的头发耷拉在它小小的肩膀上，显得妩媚动人。

洋娃娃不光长得可爱，而且衣服也很漂亮。它穿了一身粉红色的连衫裙，裙子的边上还镶着一条金边，像盛开的喇叭花。

那时，我最喜欢和它一起玩。我把它当成我的"孩子"，我给它"看病"，我哄它"睡觉"。它只要一躺下，就会合上眼睛，当我把它抱起来时，它又会把眼睛睁开。

有时候，我惹它玩——用力按它的肚子，它就会发出"哇哇"的叫声，真有趣。怕它寂寞，我还经常叫邻居家的小孩和我一起跳舞给它看。

冬天到了，我看到洋娃娃身上还穿着单薄的裙子，可怜起它来，这么冷的天，它不会冻坏吗？于是，我拿出自己的衣服给娃娃穿。可是，太大了。我便用剪刀把我的衣服剪短改小，这下大小合身了。娃娃不冷了，我却被妈妈说了一顿。

后来我上小学了，妈妈要我把洋娃娃送给表妹玩，我当然不肯。有一天，表妹到我家来玩。她一看到这个娃娃就喜欢地把它抱起来，不愿意放下。我看着她那副样子，就决定把洋娃娃送给她。可是在送之前，我要求爸爸让我抱着这个娃娃拍张照片，爸爸同意了。虽然我现在失去了这个可爱的洋娃娃，但每当我看到这张照片时，就像又看到了我心爱的洋娃娃一样。

十一、我的同学

赵清遥和鲁历走在回家路上，两人边走边聊着昨天晚上看的动画片。

"如果真有一支神笔就好了。"鲁历说。

"神笔……"赵清遥不明白。

"是啊！"鲁历拉了拉肩膀上的书包带子，继续说，"你想，如果我有支神笔，做作业就方便了。拿着笔，对着题目一扫，然后手一松，笔就自己开始做题了。哈哈……那多好啊！"鲁历说着说着，自己笑起来。不知道是笑自己的想象力丰富，还是为神笔的力量感到欢喜。

"对了，今天回家还要写作文呢。"赵清遥想到了今天的作业。

鲁历抓抓头皮，说："是啊！王老师让我们写《我的同学》，这个题目不是早就写过了吗？写不出啊。神笔啊！如果有支神笔……"

"小心自行车……"赵清遥猛地拉了一把正在感叹的鲁历。一辆自行车从他们身边飞驶而过。

"王老师说虽然题目是以前写过的，但事例可以不一样，想法感受也会不一样吗？"

听赵清遥这样说，鲁历连忙问："那你已经选好材料了？"

"哦……这倒没有……"赵清遥有点尴尬。

"啊……哈哈……"鲁历又笑起来。

尽管有点难，不过，第二天同学们还是按时交了作文。语文课上，王老师照例对大家说："昨天我们写了一篇作文，我知道有的同学觉得有点难。在老师批改之前，我想先请一些觉得自己写得不错的同学交流一下自己的作文。"

第一个举手的是沈池。她大声读起来——

我的同学

我有一个同学，她叫张忆。

张忆长得很可爱，大大的眼睛乌黑乌黑，长长的头发十分有光泽。张忆的身材很苗条，总之呢，张忆是本班的第一"班花"。魅力可与《我为歌狂》里的麦云洁相比噢！

张忆不但人长得漂亮，舞跳得也好，还去时代广场门前表演过呢！像她这样的女孩，往往会被人误认为是"娇气女孩"。不料，前些日子的一件事，让我对张忆的看法发生了很大的变化。

双休日的一天，爸妈有事出门了。于是，张忆又到我家来玩。我们边看电视边说笑话，不知不觉便到了中午，我们的肚子饿得"咕咕"乱叫起来。于是，我拿出昨晚的剩饭热了热，打算就着咸菜填填肚子。这时，一直在一旁一声不响的张忆突然问："有番茄和蛋吗？""有啊！"我略带惊讶地回答。"好！"不等我反应过来，张忆已经迅速洗了手："快把番茄拿来！"我拿来了番茄，张忆洗了番茄，又命令我："去把番茄切一切！"我接到命令，拿起菜刀，笨手笨脚地切起来，切的番茄块简直是没法看。早已打好鸡蛋的张忆看不下去了，冲过来，一把夺过菜刀，"嚓嚓嚓"地切起来。我在一旁傻乎乎地看着，这才发现自己原来这么笨。

切好番茄，张忆轻松地哼着歌打开煤气。我抱起油桶，小心翼翼地往锅里倒了一点油。过了一会儿，只听"哧啦"一声，番茄倒进锅里，油星子溅得老高。我吓得逃进里屋。张忆却不慌不忙，一副能干的小主妇之样，真令我自叹弗如。

那顿饭我们吃得很开心，张忆特别高兴，因为有人肯吃她做的饭了。为此，她还不停地感谢我。我呢，也在心里暗暗地说："张忆，你可真行呀！"

沈池读完作文，大家情不自禁地鼓起掌来。张忆的小脸涨得通红。

王老师说："大家说说看，为什么鼓掌？"

"沈池写得很具体。"急性子的鲁历脱口而出。

"具体在哪里？"王老师追问道。鲁历一下子回答不上来了。

郑华站起来说："她把张忆做饭的动作写得很清楚，我一边听，眼前仿佛出现了张忆做饭的场景，而且还写出了自己的想法。"

"是啊，这是沈池观察仔细的缘故。"王老师点点头说。

赵清遥说："沈池一开始说张忆喜欢跳舞，我以为要写她跳舞的事情，没有想到结果不是。这种写法很吸引我。"

"赵清遥说得很对。"王老师说，"如果你们在一、二年级时写《我的同学》，大概不会想到用这样的方法来写。同样，等你们上了中学，上了大学，再写这个题目，就会写出另一种样子。这就是写老题目的有趣之处。千万不要因为以前写过，一拿到题目就去回忆原来是怎么写的，那样你就不会有进步了。大家每天和同学相处几个小时，像沈池和张忆这样的好朋友，课余也经常在一起，只要留意，就能找到很多值得写的材料。你们已经是五年级的小学生，你们对事物的理解、判断，对友谊的认识都会和以前有所不同，我相信大家能用学过的方法来表达自己的真情实感。"

交流继续进行。

下课后，王老师把作文本发还给同学们，请大家回家再修改。

下编　如是我教

《猫和老鼠》课堂实录

统编教材二年级第一学期中有一道看图写话题，是以猫和老鼠为主角的。我这堂二年级看图写话课也是以猫和老鼠为主角，但内容不同。上课伊始，我先为学生介绍自己家的小猫布丁的成长故事。这段介绍既创设了情境，又引导学生学会观察图片，同时还让学生听到了一篇范文。接着，让学生依次观察小猫布丁的三张照片，从看一张说一张，到连起来说三张，最后变化顺序想象说话，以此练习口头表达能力。然后，将学生分成四人小组，为每个小组提供一套图片，让学生讨论编写故事，分工撰写句子。最后安排交流评析。整节课内容不多，在层次坡度设计上用力不少，力求让尽可能多的孩子在每个环节中有参与的机会。

课堂实录

第一板块：聊天揭题，故事入课

师：同学们，你们认识屏幕上的这两个卡通形象吗？

生：认识。

师：它们是——

生：猫和老鼠。

师：我先给大家说说我的小猫布丁的故事。

（师配乐讲述《小猫布丁》，屏幕同步播放布丁的生活图片。）

有一年的清明节，我在小区里发现了一只出生才一个月的流浪小猫，我用箱子把它带回家，给它起名叫"布丁"。我在阳台上，给它安了一个温暖的窝。家里的小哥哥还把自己的玩具小汽车也拿到它的小窝边，可布丁实在太小了，它还不会玩小汽车。

慢慢的，布丁长大了。它爬到柜顶上，爬到冰箱上。它想从各个角度认识这个新家。有时，我们找不到它了，就在家里喊："布丁，布丁，你在哪儿？"过了好一会儿，它才从电脑下面探出脑袋，或者从书堆里面露出小半张脸。有时它会跳到淋浴房上，走"平衡木"；有时则站在脱排油烟机上，看我们吃什么。"布丁，你快下来，脱排油烟机会被你踩坏的。"

"水池里有水，里面有鱼吗？让我捞捞看！咦，厨房里多了个盒子，盒子里是什么？让我闻一闻！"小布丁真的很喜欢闻东西，桌上有一盆鲜花，它会跳上去闻个够。我们都叫它"捣蛋鬼"。"捣蛋鬼"玩累了，就沉沉地睡去。

布丁不喜欢被人抱，任何人抱它都不可以超过一分钟，否则，它的嘴巴就会张得老大，露出尖尖的牙齿。买给它的玩具，不出两天，就被它咬坏。可我们还是很愿意给它买玩具。

开饭了，"咦，微波炉里在转什么好吃的？哇，多么诱人的蛋炒饭，是给我吃的吗？""不是，这是小哥哥的饭，去吃你的猫粮！"

布丁从小在书堆里长大，所以它爱看书。每当我买回一本新书，放在桌上，它会跳上桌，亲眼看一看。布丁很喜欢看电视，听音乐会。看，它扭过脑袋，专注地看着指挥家。它还偷偷地跳到我床上，去看挂在床头的油画。

布丁有时也会很安静。冬天来了，一片片漂亮的雪花飞舞而下。布丁坐在阳台上，抬着头，仔细地看着。有时，它会默默地坐在猫爬架上思考自己的"猫生"。它是一只对什么都很好奇的猫，睁大眼睛，里面全是好奇的目光。

　　每当我出差回到家，站在门口迎接我的，总是布丁；每当我在旅途中看到布丁的照片，我总是很想它……

第二板块：看图续说布丁的故事

（一）单幅图练说

　　师：再给大家看几张布丁的照片。请把看到的东西直接说出来。
（出示第一张图片）

　　生：布丁在家看您吃饭。
　　师：图片上不是我，我没有那么小。（全班笑）那是小哥哥。
　　生：我觉得布丁可能——
　　师：不要说"我觉得"。
　　生：布丁很好奇，小哥哥在里面干什么呢？
　　师：你说出了自己的猜测。
　　生：一天早晨，小哥哥正在房间里吃饭，布丁呢，透过窗户一看，哦，那是什么人？在干吗哩？（女孩语调很神气，全场笑。）

师：不是透过窗户，是透过门上的玻璃。

生：一天早晨——

师：你可以不说"一天早晨"，换一个词。

生：一天早上，小猫布丁来到门前，透过窗户，看到小哥哥在写作业。小猫想：咦，那个作业是什么呢？我也想写。

师：（笑）"一天早上"。说得和别人不一样，真好。

生：一个风和日丽的早晨，小猫透过玻璃看到小哥哥在写作业，小猫想：咦，哥哥在那里干吗呢？

师：对呀，你一开始就说了呀，他在写作业啊。

生：一天中午，布丁在门口看见小哥哥在干什么呢……（不通顺）

师：（纠正）看见小哥哥在房间里，它想——

生：看见小哥哥在房间里，他在干什么呢？它想去看一看。

师：掌声送给这个小姑娘！你看，她非但说出了自己的感受，而且还把其他同学说得不好的地方做了弥补。

生：布丁到那个小哥哥的屋子里……（生表达不清）

师：好，我来教你。布丁来到房门前——

生：布丁来到房门前，想看小哥哥在做什么。

师：这次你讲得很好，有进步！

生：布丁来到房门前，看到小哥哥在看书，他在干什么？（生自己纠正）小哥哥在看什么书呢？

师：你及时纠正自己差一点儿要说错的地方，一边说话一边要思考，调整自己的句子，真聪明！

生：布丁来到门口，心想：他在写作业还是在看书？

生：一天，布丁看见小哥哥在房间里面写作业，布丁想：他在写什么呢？怎么不带我一起写呢？

师：他在写作业呀，你刚才不是说了吗？不过，不要紧，慢慢来，要学会说话是不容易的。刚才有同学说到了自己看到的，说到自己想到的，非常好！有的同学还说出了完整的情节，更厉害！

（出示第二张图片）

师：现在，布丁在做什么呢？再给你一次机会，第三次机会，看你能不能说好。

生：布丁想：我一定要进去陪他一起写。布丁想到这儿，铆足劲儿，准备把房门打开。

师：这次你说得真好！掌声送给她！（生鼓掌）有想法，有行动，说得真棒！

生：一天早晨，布丁想：小哥哥在干什么呀？于是，布丁就来到房门前，用爪子扒开房门的锁，进去看了看。

师：扒开房门的锁，那就把锁撬坏了，应该是什么呢？它想要——

生：它想要拉住门把手，把门打开。

师：很好！

生：布丁想：小哥哥在做什么呢？于是，布丁二话不说，就把房门打开了。

师：虽然图上没有打开门，但你可以想象。

（出示第三张图片）

师：这张不一样哦。怎么说？

生：布丁想把门推开。

生：布丁想，我要把门打开来，看看哥哥究竟在干什么。

师：还有别的说法吗？

生：布丁早就迫不及待了，它用力推门，可是——

师：可是，门没有打开。

生：（接着说）可是，门没有打开。

师：好，把刚才的句子完整地再说一遍。

生：布丁早就迫不及待了，它用力推门，可是，门没有打开。

师：越说越好了。再请几个没有发过言的同学来说。

生：有一天早晨，布丁想看小哥哥在房间里干什么，然后它就想用爪子推门，可是门没有推开。

师：如果能说出门为什么推不开，那就更好啦。

生：布丁推不开门，原来门被一个锁链锁住了。

师：老师家里也太可怕了，门要用锁链锁上，难道是监狱吗？（全场笑）原来门被锁住了，就可以。

生：一天早晨，布丁在哥哥房门前，很想看哥哥在做什么，它想用力把门推开，可是门太紧了，小布丁推不开。

师：掌声送给她。

（二）三幅图连起来说

（出示三幅图，生举手。）

师：不着急，先仔细看这三幅图，你们发现了什么问题？

生：我发现了第三幅和第二幅要换一下。

师：为什么呢？

生：应该是它先尝试，再够到的。

师：你说得真不错！按照你的意思，我们调整一下，谁能连在一起说？

生：小猫先准备看小哥哥在干什么，后来又尝试了一下，结果够到门把手，准备把门打开了。

师：你基本上说清楚了。如果能够更加流畅地说，就更好了。

生：一个风和日丽的早晨，小猫在小哥哥的门前看小哥哥写作业，看了一会儿，它想：我要进去陪陪他。它用爪子勾住门，再勾住门把手，呀，要推开啦！

师：还用了感叹词。到底推没推开，我们不知道，这个故事的开头真好！掌声送给她，她越说越好，前面几次都要修改、调整，这遍一次成功，掌声再次送给她！

生：早晨，小猫布丁坐在哥哥的房门前，想看看哥哥在干什么。看了一会儿，它实在忍不住了，准备把门推开。可是，它刚推就滑了下来。它没有放弃，接着，它爬到了门的一小半儿，又跳了一下，够到门把手了，就要把门推开了。

师：说得多好啊！老师突然想到，如果顺序真的是这样的，你们能说吗？

（师换图序，生争着要说。）

生：小猫布丁看哥哥正在拼图，它看了一会儿，实在忍不住了，也想去拼图，就一跳跳到把手上，快要打开门的时候，它手一滑，就摔了下来。

师：好厉害！关于小猫布丁的故事先讲到这里，你们已经讲得非常好了。

第三板块：看多幅图，合作讲故事

师：接下来，我们要挑战一下自己。

（出示 Tom 的图片）

师：让我们回到 Tom，男同学请起立，学学猫的动作。大家觉得 Tom 在做什么呀？

生：它想要抓老鼠。

生：有人把一个东西拿走了，它气呼呼的。

生：它想抓老鼠，但没有抓到。

生：它要抓老鼠，老鼠跑得特别快，一溜烟儿就没影了，它没抓到，就生气了。

师：（出示老鼠的一组动作）看懂了吗？

（图片来源于网络）

生：（齐）看懂了！

师：是什么意思？

生：这是一只小老鼠起床的过程。

师：真好！看看它最后那个动作。

生：好惊讶。

师：它为什么会惊讶呢？想一想，它后来……（出示图片）

（图片来源于网络）

生：老鼠跳起来了！

师：（出示图片）故事里还有一个角色，一只小松鼠。小松鼠张大了嘴巴在说什么呢？

（图片来源于网络）

（出示"合作学习步骤"）

师：每一个小组都有老师的这四张图片。第一步，给这四张图片排一个顺序，再根据这个顺序，四个人讨论出一个小故事。第二步，根据故事的内容，每人负责一张图，在图上写一两句话。第三步，小组合作念一念创编的故事。不会写的字，用拼音。开始讨论。

（四人小组热烈讨论，时间为六分钟。）

师：请写好的小组交流一下。

生：一天，一只小老鼠起床了，它伸伸懒腰，出来找吃的。

师：说得多好呀！继续——

生：它听见小松鼠说："看，Tom 来啦，快跑啊！"

师：小松鼠在哪里说呀？

生：这时，突然听见小松鼠在门外说："看，Tom 来啦，快跑啊！"

生：小老鼠跳了起来。

师：小老鼠怎么样地跳了起来呢？

生：赶紧跳了起来。

生：Tom 说："你给我站住！"可是，小老鼠已经跑得远远的。Tom说："讨厌！今天我一只老鼠都没抓到！"

师：掌声送给他们！他们一边交流一边还在口头修改，真棒。

（临近下课，各小组争着要展示故事。）

师：再请一组。

生：一个天朗气清的早晨，一只老鼠刚睡醒就饿了。突然，它看到前面有一块奶油。刚想吃，Tom 突然出现了。

生：它连忙从高处往下跳，说："猫咪，你来抓我呀！"

师：可是，听上去你好像很害怕，重新再说一遍。

生："猫咪，你来抓我！"

生：Tom 很生气，因为不管它怎么追都追不上。一只小松鼠说："你跑得真慢！老鼠都比你跑得快。"

师：小松鼠在那里耻笑它呢。好，故事讲完了。

（生仍然要讲故事，不愿下课。）

师：小朋友们，再见！

生：老师再见。布丁再见！

附

在浪漫与精准之间
——评朱煜老师的《猫和老鼠》

丁素芬

听朱煜老师的课，每一次，都有不同的味道。无论是"文学的味道"还是"文章的味道"，都能看到他多年来一以贯之的执念——对常识的尊重，对儿童的尊重。

置身在《猫和老鼠》的课堂里，我的脑海里现出两个词：浪漫与精准。这是一种直觉。在我看来，小布丁的故事是浪漫的，朱老师指导二年级孩子学说话又是极耐心，极精准的。

四十分钟的课，朱老师设计得简约而丰实：

全课围绕猫与鼠展开，即"师讲述故事—生续说故事—生生合作编故事"，表达的主体由老师渐进到学生，表达的形式由个体过渡到同伴合作。教学的一半时间都用于学生"续说故事"，这是本课教学的核心之一。

这个部分承上启下，学生从教师讲述的故事里学习"说"，到现场操练"说"，再延伸到最后的合作"创"。纵观整节课，个体练习说话和生生合作创写故事是主要学习任务，两部分的表达主体都是学生。这是一个儿童的表达场，教师只是巧妙地为学生创设了说话的故事背景和场境，再一步步耐心地引导他们从"不敢说"到"敢说"，从"不会说"到"会说"。

一、动物的猫和文学的猫

那么，浪漫从何而来？

"只有当教师的课堂与他或她的个人生活之间存在着一种活生生的关系时，课堂气氛才能从死板的权威或约束转变为生气勃勃、充满活力。"（马克斯·范梅南）当颇有动漫节律的《盛开成花树》的音乐响起，当朱老师的声音伴着布丁的照片温情地传来，课堂旋即被带入了布丁的故事里。一幅幅温馨的生活场景，娓娓道来。讲述的节奏，音乐的节奏，合成了舒适的倾听节奏。从孩子们的笑声里、专注的眼神中能感受到他们对布丁的喜爱。

如果，仅仅为了讲一个关于猫的温情故事，花上六分钟，不免有些奢侈。

它是范文吗？我的第一感觉，是。再听，又觉得不全是。《小猫布丁》的故事价值至少体现在两个点上：

一是独特的讲述人。朱老师的声音和语气里所传达出来的爱与悲悯，让布丁不只是一只动物的猫，而是有了人性灵气的文学的猫。讲故事的人，把人与猫共处的浪漫以儿童的方式表达出来。

二是故事的表达形式。故事不是以文字来呈现，而是以口语化的方式讲述，猫的图片与故事情节同步，像是打开了一本布丁的无字绘本。仔细听，六分钟的故事里讲了些什么呢？有趣、有料、有法。较多的短句，有意无意描述的细节，人称交替的生活化表达……这些方法的渗透为后面学生讲故事、编故事做了铺垫。

而这一切，只是我的揣度，学生并非可以照单全收。孩子在好奇的听赏中，获取的是感性的、直接的认知。那些情感、那些方法的接收是有差异的，然而，这有什么关系呢？这就是正常的状态，是教师从感性浪漫走向精准表达的真实起点。

二、在自由自在里渐趋精准

课上，孩子们很欢愉，思维自由跳跃。如果说此前的听故事是一种原生态的感受，那么这一板块，将由"浪漫"走向"精准"，由"自由"走向"规范"。如何实现这样的交接呢？我们来看几个课堂细节。

细节一：面对普遍的语言不规范

生：一天，布丁看见小哥哥在房间里面写作业，布丁想：他在写什么呢？怎么不带我一起写呢？

师：他在写作业呀，你刚才不是说了吗？不要紧，慢慢来，要学会说话是不容易的。

课中，当出现这样的不规范表达时，朱老师总能敏锐地捕捉到问题，及时纠正。在反复纠正之后，学生的表达能力有了发展：有的孩子发现自己说错了，能主动调整，直到说好；更多的孩子在同伴和老师的示范下越说越好。这样的变化，是在老师的精准指导下产生的。在说话指导的过程中，先有规范，再辅以自由。如此，往后的自由表达才能有所作为。

细节二：在一个点上反复给机会

生：布丁来到房门前，看到小哥哥在看书，他在干什么？（生自己纠正）小哥哥在看什么书呢？

师：你及时纠正自己差一点要说错的地方，一边说话一边要思考，调整自己的句子，真聪明！

……

（出示第二张图片）

师：现在，布丁在做什么呢？再给你一次机会，第三次机会，看你能不能说好。

生：布丁想：我一定要进去陪他一起写。布丁想到这儿，铆足劲儿，准备把房门打开。

师：这次你说得真好！掌声送给她！（生鼓掌）有想法，有行动，说得真棒！

……

生：一个风和日丽的早晨，小猫在小哥哥的门前看小哥哥写作业，看了一会儿，它想：我要进去陪陪他。它用爪子勾住门，再勾住门把手，呀，要推开啦！

师：还用了感叹词。到底推没推开，我们不知道，这个故事的开头真好！掌声送给她，她越说越好，前面几次都要修改、调整，这遍一次成功，掌声再次送给她！

从这个女孩的四次回答中，我们可以看到个体的学生在一节课中清晰的成长。第一次，她无法纠正错误的句子，老师给予鼓励，耐心等待；第二次，她边说边自己纠正差点儿说错的地方，基本表达正确；第三次，女孩已经能流利、通畅地说话，而且越发自信；第四次，她更是能生动地讲述图片背后的故事，还用上了感叹词。这个例子让我们看到老师一步一步教会学生说话的耐心，也看到了突破难点的教学策略。课堂上，利用差异资源教学，常见放大优秀资源去辐射薄弱，少见用薄弱学生的变化去带动全体。此细节，折射出老师的先进的教育理念和教学智慧。

细节三：精准评价指向精准表达

师：你看，她非但说出了自己的感受，而且还把其他同学说得不好的地方做了弥补。

师：刚才有同学说到了自己看到的，说到想到的，非常好！有的同学还说出了一个完整的情节，更厉害！

师：你基本说清楚了，可是，你胆子太小了，声音太轻了，如果能够更加流畅地说，那就更好了。如果能够把刚才有些同学想到的一些小情节放进去说，就更棒啦！

没有似是而非的指令，没有不置可否的评价，没有可有可无的应答。朱老师的每一句评价语都有清晰的指向，或指向说话的要求，或指向逻辑的错误，或点评表达的亮点用以放大启发。在精准的追问、纠正、评价之下，孩子的说话趋于精准，走向连贯与丰富。精准背后，是教师用心的倾听，敏锐的洞察力、捕捉力。正因为如此，师生在课堂中的对话才能有效推进，学生在课堂上才有了成长。

朱老师这一课中值得关注的细节远不止以上三例。那些细节无不体现朱老师常说的"设计感"。的确，课堂是要有设计感的，没有一层层心细如发、细致入微的设计，很难让学生进入理想的学习状态。细数一下，本节课里，朱老师六次关注"没有发过言的"。哪些同学胆怯，哪些同学有障碍，哪些同学进步了，他都能用心"看见"。

三、从"我说"到"我们合作说"

这节课的最终目标是要让孩子合作讲出一个故事。作为听者，我担心的问题是，四人合作讲故事，比单个同学讲画面难得多。其一，小学阶段，同伴合作学习的形式有一个渐进的过程，低年级的合作形式更多的是同桌两人合作，中年级以后渐渐过渡到四人合作。四人合作，对于二年级的同学来说，在讨论、分配、整合等问题上确实难一点。其二，从创编故事的内容上来看，合作编故事不仅要先讨论出一个小故事，还对每个同学都提出了要求，有一个孩子讲不好，整个故事就不完整、不顺畅。

为什么要合作讲一个故事？有基于时间的考虑。但二年级的小朋友，方才说话还磕磕绊绊，合作讲故事能行吗？

　　各组的差异当然是有的。第一组展示的同学讲得很顺利，第二板块中，扎实而精准的教果然在合作中显现出效果，每个孩子都能完整地表达自己所负责的图画的意思，并且整体连贯。开了一个好头，原先落后的小组立即有了自己的故事，争着要交流。紧接着，第二组同学表达虽有些小问题，但稍加引导，就很完整了。因为老师在第二板块下足功夫，步步趋准，学生越说越好。最后合作讲故事，水到渠成。

　　朱老师的课很浪漫，极精准，细加琢磨真如其人，且有一点独行。

《我喜爱的一种玩具》课堂实录

设计说明

这是三年级教材范围外的作文题，主要有两个教学目标：一是写出玩具的外形、颜色、大小等情况，二是写出玩的过程以及玩的感受。对于三年级学生而言，玩的过程不难写，只要为学生提供玩的经历，对于重点动作做些指导就行，但描写玩具外形则不容易。因此，我先教学生观察，再指导学生将观察到的情形用通顺的句子表达出来，并将句子组合成一段话。接着，让学生在课堂上玩玩具，并及时说出自己的感受。通过说感受，强化对玩玩具过程的印象，便于写下来。最后，把外形与玩的过程合在一起。统编教材三年级第一学期中有一个作文题叫《那次玩得真高兴》，要求学生写出玩的过程。这个课例可以参看。

课堂实录

第一板块：先观察后说段

师：请大家看黑板上的这一段话。这是一个三年级的小朋友写的，他觉得自己写得不好，可又不知道怎么修改。你们能帮助他吗？

生：能。

师：先请一位同学来读一读。

（生读）

玩具鲨鱼

我有一条玩具鲨鱼。它的身体是蓝色的。拉开它的嘴，就可以看到尖尖的牙齿。按动牙齿，你的手指就可能被咬住。

我可真喜欢它。

师：你读得真通顺。我把文中提到的玩具鲨鱼带来了，请大家仔细观察一下，然后说说看，这段话哪些地方可以修改。

（学生观察玩具鲨鱼）

生：小作者写得不具体。

师：哪里不具体？

（生摇摇头不知道怎么说）

师：再请一位同学来说。

生：鲨鱼的外形写得不具体。

师：那么大家能不能用几句话把鲨鱼的外形说清楚？

生：那条鲨鱼张开血盆大口显得很可怕。

师：你既说出了看到的也写出了想到的。

生：它的牙齿很锋利。

生：它的眼睛是圆形的。

师：改成"它的眼睛圆圆的"，再说一遍。

（学生重复）

生：它是大脑袋，长身体，尾巴是小小的。

生：我有一条玩具鲨鱼，它的眼睛发出凶狠的光，让我很害怕。

生：它的牙齿很尖。

师：虽然你说的内容别人说过了，但你的表达和别人不一样。

生：它的舌头是粉红的。

师：你发现了别人没有注意到的情况。

生：它的鳍是很珍贵的。

师：你为什么说它很珍贵？

生：因为那就是鱼翅。

师：你的知识真丰富。不过我们要保护鲨鱼，不能吃鱼翅。下面要考考大家的记性。刚才我们说到了鲨鱼的哪些部位？

生：牙齿。

生：眼睛。

生：鱼鳍。

生：身体。

生：尾巴。

生：舌头。

生：脑袋。

师：请大家用这些词语来说句子。一个词说一句。

生：它的眼光很凶恶。

生：它的身体大大的。

生：它的牙齿很洁白。

生：它的尾巴小小的。

生：它的身子是蓝色的。

师：接下来，我们要把句子连在一起说。说之前要先把这些词语排个序。

生：先说身体，再说眼睛、鱼鳍、尾巴、牙齿，最后说舌头。

师：如果把尾巴和身体放在一起说会更好。请大家按照顺序介绍一下玩具鲨鱼，同桌之间可以先交流。

生：我有一条玩具鲨鱼，它的身体是蓝色，尾巴小小的，鱼鳍像个三角形。它的眼睛圆圆的。它的牙齿……

师：我给你半句话——拉开它的嘴巴。

生：拉开它的嘴巴，可以看见锋利的牙齿和粉红的舌头。

师：还有谁愿意说？

生：我有一条玩具鲨鱼。它的身体是蓝色的。它有一双又圆又大的眼睛。它的鱼鳍很珍贵。一条小小的尾巴很有趣。拉开它的嘴巴，就可以看到锋利的牙齿和粉红色的舌头。

师：还有谁愿意试着说说看？

生：我有一条玩具鲨鱼。它的身子是蓝色的。它的身子长长的……

师：把两句话连起来说。

生：它的身子是蓝色的，长长的。它还有一条小小的尾巴。它的眼睛是椭圆形的。拉开它的嘴，就可以看见两排锋利的牙齿，还有一条粉红色的舌头。

第二板块：玩玩具说感受

师：刚才几位同学说得都不错。玩具，最大的功能是玩。大家想玩吗？

生：想——

师：请你玩——先说说现在你的心情——

生：我有点紧张。

师：为什么？

生：我怕被鲨鱼咬到。

师：别怕。看看自己是否幸运。请你轻轻伸出一根手指，慢慢按下一颗牙齿……

（学生按下鲨鱼牙齿，鲨鱼的嘴巴合拢了。）

师：说说现在的感受。

生：我可真不幸运。

师：再请你来玩。先说心情。

生：希望我幸运一点，不要被咬到。

师：轻轻伸出一根手指，找到一颗牙齿，慢慢按下去……

（学生玩玩具鲨鱼，没有被咬到。）

师：说说自己的心情。

生：很轻松，因为没有被鲨鱼咬住手指。

师：接下来我要请一个小助手，请他帮助我提问。

（选好小助手。选一个学生玩，没有被咬到。）

生：请问你现在的心情如何？

生：我觉得玩具鲨鱼很可爱。

（又选一个孩子玩，但是被咬到了。）

生：请问被鲨鱼咬到的感觉怎样？

生：很兴奋，很刺激。

师：这个小朋友真有意思，他的感受和别人不一样。记得一定要把自己独特的感受写下来哦。

（再请学生玩，事先提问。）

生：你现在的心情如何？

生：我很想被它咬到，因为我想看看会不会痛。

师：你真是一个勇敢的孩子。

（学生玩玩具，被咬到了。）

生：你现在的心情怎么样？

生：我还想再玩一次，因为一点儿也不疼。

师：现在大家能不能用几句话说说玩鲨鱼玩具的情形？

生：我用手指按下牙齿……

师：按下谁的牙齿？在哪里按？

生：我把手指伸进鲨鱼的嘴里，按下一颗牙齿。手指被鲨鱼咬住了，我觉得很可怕。

师：你说得真不错。

生：我把手指放在鲨鱼的牙齿上，轻轻按下去，鲨鱼的嘴巴没有合上。太幸运了。

师：你说出了自己的感受，真好。接下来就请大家在本子上介绍一下鲨鱼玩具的外形和怎么玩的。一些同学刚才没有轮到玩玩具，那就写写别人玩的情形。

（学生习作练习）

第三板块：交流习作

师：请两位同学上台交流。

（生交流）

玩具鲨鱼

我有一条玩具鲨鱼。它是蓝色的，眼睛发出恶狠狠的光。它的尾巴小小的，好像一把尖嘴的凿子。它的牙齿非常锋利，两排牙齿十分白，排列得整整齐齐。它的舌头又大又红。我把手指伸进鲨鱼的嘴里，按下一颗牙齿，一下子就被咬住了，吓了我一大跳。我真喜欢这条玩具鲨鱼啊。

（生交流）

玩具鲨鱼

我有一条玩具鲨鱼，身体是蓝色的，有一双又圆又大的眼睛。它有一条小小的尾巴和尖尖的鱼鳍。拉开它的嘴，可以看见两排锋利的牙齿和粉色的舌头。我把手指放在一颗牙齿上，轻轻按下，鲨鱼把我的手指咬住了，但一点儿也不痛。我真喜欢玩具鲨鱼。

师：哪位同学能对照书上的习作要求，评价一下这两位同学的作文？

生：他们都写出了玩具鲨鱼的外形，玩的过程，还有自己的感受。我觉得他们写得不错。

师：谢谢你的点评。两位同学写的内容是一样的，但用的语句不尽相同，各自写出了感受，让我们觉得很有意思。介绍一个小玩具就是这样去写——先观察，再写出各个方面的特点和玩法，还要加上自己的感受。另外，可以多写几次玩的情况哦。今天课堂上我们描写的玩具鲨鱼比较简单，大家回家后可以选自己喜欢的玩具好好观察，尽情玩一玩，然后再写下来。相信大家一定能写得很棒。

下课。

《这儿真美》课堂实录

《这儿真美》是统编教材三年级第一学期中的作文题。在该单元中，学生先通过《富饶的西沙群岛》《海滨小城》《美丽的小兴安岭》等课文，学会借助关键语句理解一段话的意思。而在作文课中要学习围绕一个意思把段落写清楚。三年级学生之所以无法将一个事物写清楚，是因为他们不会将内容展开。因此，这节课的重点就是让学生学会从不同方面描述景物。

教学中，我先利用课文中的段落，帮助学生复习作者是如何写出景物的不同方面以及自己的感受。然后用《美丽的小兴安岭》中的段落，让学生练习写总起句或者总结句。接下来，用一幅画，让学生口头操练先概括后具体的写段方法。因为课在杭州上，所以特意准备了西湖四季的图片，先让学生观察，然后练习写段。最后，通过拓展，让学生明白只要善于观察，就可以在日常生活中找到很多独特的美，以此扩展思维，学会观察。

课堂实录

第一板块：复习例段

师：在第六单元里，我们学习了"借助关键语句理解一段话的意思"。作者为了把一个事物介绍清楚，先写一句概括句，然后围绕这句话具体展开。作者这样写，我们也就这样读，先读一读中心句，然后想一想，后面的内容是怎样围绕这个意思写清楚的。我们先来复习一下，这是《海滨小城》里的一小段话。

出示段落：

小城的公园更美。这里栽着许许多多榕树。一棵棵榕树就像一顶顶撑开的绿绒大伞，树叶密不透风，可以遮太阳，挡风雨。树下摆着石凳，每逢休息的日子，石凳上总是坐满了人。

师：一起读，不要拖音。

（生齐读）

师：这段话是围绕哪个意思来写的？

生：小城的公园更美。

师：如果你把这句话念得快一点那就更好了。

（生再读）

师：再稍微快一点点。

（生三读）

师：请一个同学把"围绕一个意思"这几个字写在黑板上。

（一个学生去黑板上写）

师：小城的公园很美，美在哪里？

生：一棵棵榕树就像一顶顶撑开的绿绒大伞。

师：你看到了大伞，看到了榕树，还看到什么了呢？

生：石凳。

师：真的就是围绕着一句话，围绕着一个意思，从不同的方面把公园的美写出来了。请一个同学把"分出不同方面"写在黑板上。

（出示段落，师范读。）

小城的街道也美。除了沥青的大路，都是用细沙铺成的，踩上去咯吱咯吱地响，好像踩在沙滩上一样。人们把街道打扫得十分干净，甚至连一片落叶都没有。

师：这段话是围绕哪句话写的？

生：小城的街道也美。

师：分成几个方面来写的呢？好像也有两个哦，第一个是什么？

生：沥青的大路。

师：有不同意见吗？

生：街道都是用细沙铺成的。

师：对啊。第二个方面呢？

生：人们把街道打扫得十分干净，甚至连一片落叶都没有。

师：街道用细沙铺成，街道上十分干净。就是从这两个角度来写的。

师：观察一处景色，不仅要看，还要有自己的想法。不然，只是一味写下自己看到的，难免有些单调。在这段话中有没有作者的感受？

生：踩上去咯吱咯吱地响，好像踩在沙滩上一样。

师：你说得很对。"好像"一词引出了作者的感受。请一个同学把"写出自己的感受"写在黑板上。

（出示段落）

小城的公园更美。这里栽着许许多多榕树。一棵棵榕树就像一顶顶撑开的绿绒大伞，树叶密不透风，可以遮太阳，挡风雨。树下摆着石凳，每逢休息的日子，石凳上总是坐满了人。

师：在这段话里面，有没有类似的感受呢？

生：一棵棵榕树就像一顶顶撑开的绿绒大伞。

师："这里的"好像"告诉我们写的是作者的感受。

（出示段落）

春天，树木抽出新的枝条，长出嫩绿的叶子。山上的积雪融化了，雪水汇成小溪，淙淙地流着。溪里涨满了春水。小鹿在溪边散步。它们有的俯下身子喝水，有的侧着脑袋欣赏自己映在水里的影子。

师：这段话分了好几个方面来写春天的小兴安岭，可是缺少一个总起句，谁能加一下？

生：春天的小兴安岭很生机勃勃。

师："很"字不要。

生：春天的小兴安岭生机勃勃。

师：掌声送给他们。

师：小溪、小鹿、树木都呈现出一种生机勃勃的样子。那么，能不能把这句话变成一句总结句呢？谁会加？

生：春天的小兴安岭真是生机勃勃啊！

生：春天的小兴安岭万物复苏，生机勃勃。

师：掌声送给他们。

师：刚才我们复习了如何围绕一句话，分成几个方面把一种事物介绍清楚。

第二板块：看图说段

（师在黑板上贴了一幅画）

师："一到小河边，我就被眼前的景色吸引住了……"你看到了什么？

生：船上有特别多的鸟。

师：近处的一艘小船上有许多水鸟，还看到什么？

生：我看到了碧绿的柳条。

师：能不能说两个方面呢？

生：一到小河边，我就被眼前的景色吸引住了。清澈的河水淙淙地流着，还有许多我不知道名字的鸟儿站在一位老人的船上。

师：渔夫。

生：站在一位渔夫的船上。

师：掌声送给他。

师：真的讲了两个方面，好厉害。那种水鸟叫鸬鹚，可以帮助渔夫捕鱼。还有谁要说，你看到的是什么？

生：一到小河边，我就被眼前的景色吸引住了。绿色的柳条垂下来，树旁有一艘小船。

师：有没有同学挑战一下，说三个方面？

生：一到小河边，我就被眼前的景色吸引住了。一艘小船停靠在岸边，小船上坐着一个渔翁，他的身边有很多鸬鹚。远处还有一些小船，它们静静地停在水面上。

师：说得真好。同学们通过细致观察，从画面中找出两三个景物，从不同的方面描述出来，这就把景物介绍清楚了。

第三板块：写段练习

（师在屏幕上展示西湖四季美景的图片，见下页图。）

师：你如何判断这些照片拍摄的季节？

生：荷花是夏天开，柳枝是在春天发芽，秋天有枫叶，冬天会下雪。

师：很好，思维很清晰。请大家先观察春夏秋冬不同的景色，再说说最喜欢哪个季节，在这个季节里看到了什么，要从不同的方面来说。

（学生回答略）

师：听了大家的分享，我已经迫不及待地想看到大家写的段落。请大家用五分钟的时间，选择一个季节，描写那时的西湖美景。记住，先写一个句子，点出那个季节西湖美景的特点，然后其他的内容就围绕这个句子来写。

（生练习写）

师：现在，请同学们把自己写的段落交给同桌，读一遍，如果你觉得同桌写得很好，可以举手，然后将同桌的作品念给大家听。

（生举手）

生：西湖的夏天最美了。荷花开了，红红的，真好看。

师：他写了几个方面？

生：一个。

师：如果能多写几个方面，就能把荷花写得更美。再请一个同学推荐。

生：冬天的西湖最美。屋顶上积满了白雪，就像铺了一层厚厚的棉被。湖面上结了冰，硬邦邦的。湖边的树木已经掉光了叶子。

师：你为什么要给我们推荐同桌的这一小段话？用黑板上的要求来说说看。

生：他围绕着一个意思，从不同的方面来写，还写出了自己的感受。

师：掌声送给她。听了几位同学的分享，有的同学发现了自己习作中的问题，现在给大家三分钟，把作业本换回来，赶紧修改。

（生修改自己的作文并再次交流）

第四板块：拓展升华

师：今天，我们学习了将一处景物围绕一个中心分成几个方面来描写，既要写出自己看到的、听到的，还要写出自己感受到的。在我们身边有许许多多值得写的风景。比如，刚才我们欣赏了西湖一年四季的美景，有人说这两张照片拍的也是西湖，也很美。我觉得他说得有道理，你说这两张照片美在哪里呢？

生：美在人。

师：为什么美在人？

生：因为这些园林工人用劳动让我们的城市更漂亮。

师：掌声送给她。所以当你在描写西湖的荷花、荷叶、柳枝、柳条的时候，不要忘记美景的创造者。老师在校园里还拍下了这样的照片。

师：你觉得美吗？美在哪里？

生：美在同学们爱护绿化，因为这些植物长得很茂盛。

师：小花小草没有被破坏。还美在哪里啊？

生：它在那个墙角开得很显眼，显得很美。

师：在石墙旁边的草地上开着一朵黄色的小花，那么不起眼，却又那样吸引人。同学们，在日常生活中，很多事物、景物初看，觉得普普通通，可是只要你留心体会，你就会发现它们的美好。希望大家做一个有心人，能够从日常生活中找到更多的美好，并用笔记录下来。

下课。

《写信》课堂实录

设计说明

《写信》是统编教材四年级第一学期中的作文题。教学生写信，第一，要讲清格式，不光要告诉学生怎么写格式，还要告诉他们为什么要那样写，以此渗透中国传统文化。第二，书信是人与人交际的方式，因此教学中最好有真实的情境。我在本课中讲述了与小读者通信的事例，出示了自己书中关于写信的案例，并将自己印制的明信片发给学生，让其在上面练习写信，而且告诉学生，我会给他们回信。这些方法让学生不再将写信只是当成课堂中的学习内容，而是将其当成真正的言语实践活动，积极地参与其中。

课堂实录

第一板块：创设学习情境

师：前些年我写了一本书，叫《赵清遥的作文故事》。柳州有个班的同学共读这本书后，给我写来很多信。有写给我的，有写给书中的主人公的。

（屏显：主人公图片）

师：这就是赵清遥。他旁边的是另一个主人公，鲁历。收到了那么多读者来信，来而不往非礼也，我应该用什么方式表达自己的感谢呢？

生：可以给他们回一封信。

师：是的，现在发 email 很方便。我也可以在微信上写几句话，发给他们班主任老师，表示我的感谢。可是我觉得这样做是不够的。虽然电脑、手机这些现代通讯设备可以让我们缩短信息交流的时间，可是在不太着急的情况下，我们不妨还是用旧的方式——写一封信，让信在路上慢慢地走，从上海，走到柳州。几天以后，信到了小朋友们的手上，那不是很好吗？

这本书里有一个故事，正好和写信有关。鲁历给自己的好朋友赵清遥写了一封信，可是两天过去了，赵清遥一直没有收到信，同学们猜猜看，为什么赵清遥收不到信呢？

生1：我觉得有可能是信在中途丢了。

生2：我觉得有可能他忘记贴邮票了。

生3：我觉得他可能写得不太好，一直在改动。

师：他就没寄出来，是吧？不，他寄出来了。

生4：我觉得他写的信皮格式有问题。

师：信皮就是信封，可能是信封上的信息有误。

师：到底是因为什么呢？待会儿老师会揭晓谜底噢！

【赏　析】

柳州的孩子读完书后给朱老师写来了信，朱老师打算回信。这样做可引导学生明白：首先，写信是人们沟通的需要。小读者读了一本不错的书，通过书信和作者交流自己的感受，让作者了解自己的所思所想。其次，写信强调沟通双方的互动。"来而不往非礼也"，有写信，就要有回信。再次，写信在当下是一种难得的浪漫，是一种古典的优雅的情怀。等待来信的日子是美好的！最后，通过猜测"鲁历的信为什么赵清遥收不到？"让学生初步感知信封信息的重要性。

第二板块：学习书信格式

师：看了同学们的信，我不能简单地回一条微信，我得写信。

（屏显：朱老师的回信）

亲爱的同学们：

　　大家好！

　　收到大家的来信，我非常高兴。《赵清遥的作文故事》是我很喜欢的一本书，因为书中的一些主人公都是有原型的，他们就是我的学生。书中的一部分小故事也是真实发生过的。赵清遥其实就是我小时候的我，王老师就是现在的我。这本书从某种程度上说，是我对早些年的教书生活的回忆。

　　好，回到那个问题，如何写好作文。其实，写作文的具体方法在《赵清遥的作文故事》中已经写得很多了，如果你们但读，一定会发现。不过，我的经验是，了解作文方法是次要的，更重要的是多读书，认真上好每节语文课。同学们，你们的钢笔字都非常漂亮，我觉，这与你们的语文老师的悉心指导有密切的关系。跟着这样优秀的语文老师学习语文，一定能把语文学好。写作文也是真实地记录自己的见闻与感受，因为是真实的，所以作文也是我们生活的轨迹，成长的印痕。等你们长大了，再看童年时的作文，也将是送给你们学会许多乐趣。如果你真想提高作文水平，那你先与老师或家长一起研究一下，看看自己不会写作文的原因到底是什么？

如果是缺少素材，那么你不要总在书桌前写作业，想办法让自己的生活丰富一些；如果是句子写不通，那么一边写一边轻声读，及时改正不通顺的地方；如果是有素材却不知如何下写，那么建议你先不要写，先在草稿纸上列一个提纲；如果你经常遇到心中有话，却不知如何表达，那么建议你每天大声朗读十分钟，可以读课本，也可以读课外书。那样能帮你积累词汇和句式。有了一定的词汇量和句式量，写作文就会很流畅。

上述建议供大家参考，愿大家学会写作文，喜欢写作文。好久不写信了，字难看，还有涂改，但这也保存真实的状态。不过，最俗还是写这一句，非你不读。

祝你们学业进步。再次感谢大家读我们书。

笨狼
2018.12.27

师：同学们，你们发现了吗？信与我们通常见到的文章有什么相同和不同？

生1：写信要先写清楚给谁，然后问下好，最后要写日期和谁写的。

师：掌声送给他！他把最主要的不同之处找出来了。

生2：写信的时候加上一句祝福语。

生 3：开头还要有一个问候语。

师：这些都是和一般的文章不一样的地方。不过，也有一个地方和一般文章是一样的，你说，什么地方是一样的？

生：它们都是一个自然段一个自然段写的。

师：掌声送给这些同学！信的正文要分成一个一个自然段，一个自然段讲一个意思，自然段开头空两格。请大家看课本。刚才已经有同学提到写信的时候要注意一些特殊的格式，这些特定的格式是有特定的说法的，也就是说它们有自己的名字哦！比如说第一行"亲爱的叔叔"这叫什么？一起说——

生：称呼。

师："您好！"这叫什么？

生：问候语。

师：我们和别人说话之前要先打一个招呼，要有问候语。写完正文，这个"祝身体健康"是什么呢？

生：祝福语。

师：一个叫问候语，一个叫祝福语。不一样哦。好，"侄儿小杰"，这是什么？

生：署名。

师：最后一行是？

生：日期。

师：还有别的发现吗？

生 1：写称呼的时候是顶格写的，没有空两格。

师：在这封信中，还有什么是顶格写的？

生 2：祝身体健康。

师："身体健康"为什么要顶格？猜猜看。

（学生答不出）

师：顶格是表示对别人的尊重。写信对古人而言可不是一件小事情，因为信中有中国人的礼仪。古人写信的格式很讲究。称呼顶格写，表示对别人的尊重。那个"祝"字换一行空两格，可以的，但是祝福的具体内容，一定要换行顶格写。表示对别人的尊重。

同学们，如果顶格是为了表示对别人的尊重，那么缩在右边，这是为了什么呢？你看，信上哪个信息是缩在右边的？

生：署名和日期。

师：为什么要把自己的名字缩在右边的角落里呢？

生：我觉得应该是表示谦虚。

师：对。就是为了表示谦虚。

现在我们已经知道，写信的时候，特别是在写正文的时候，第一，要注意格式正确；我们写信是为了交流信息，所以第二条就是表达清楚（板书）；第三条就是要有真情实感。

写完信要寄出去，得开信封，我给你们看一个信封。

（屏显：信封）

信封上第一排有六个红色的格子，这需要填什么呀？

生：要填写邮政编码。

师：每个地区都有一个邮政编码，记得一定要写邮政编码。这样可以方便邮递员分拣，投递。紧接着你要写收信人详细的地址，然后是收信人的姓名，不过姓名的后面最好要有一点称呼。如果是写给老师，那么老师的姓名后面就应该加哪两个字？

生：老师。

师：对。不要直截了当写"朱煜收"，要写"朱煜老师收"。如果你写给好朋友，写完名字以后，可以写什么？

生：同学或朋友。

师："同学""某某同学收"。如果写给一个男性，名字后面加什么呢？

生：先生。

师：如果写给女性呢？

生：女士。

师：这就是文雅的做法。不要直截了当地把别人的名字光溜溜地写在信封上，后面要有一个称呼。再看下面，是寄信人的姓名及邮政编码。

为什么要这么写，猜得出来吗？

生 1：可能对方写回信的时候会看。

师：对呀，便于对方给你回信。

生 2：不写姓名、地址的话，对方不知道谁写给他的。

师：万一没有寄成功，邮递员叔叔会根据你的地址把信退还给你。最后要贴邮票。

讲完信封，大家再想一想，鲁历的那封信，赵清遥为什么收不到呢？

生：我觉得有可能鲁历没有写清赵清遥的详细地址。

师：真的是这样吗？老师把他的信打出来了。

（屏显）

清遥：

　　你好！

　　我想你还在为那封我寄给你的迟迟不到的信担忧吧？现在我来告诉你，那封信没有丢失，他又回到我家来了。今天下午，我在取报纸时，发现它正躺在信箱里，原来由于我家跟你家的地址很像，我在写信封的时候，一不留心就把收信人的地址写成我家的地址了（师解释：他把收信人的地址和寄信人的地址写的一样，因为他们住在一个小区里）。你看我多粗心啊！看到这儿，你一定忍不住笑出声了吧？说实话，我自己也觉得好笑。幸好，这只是一封普通的信，如果是什么要紧的事情不就耽误了吗？看来，我一定要改掉粗心的毛病。

　　祝

好！

你的朋友鲁历

3 月 5 日

【赏　析】

这部分的容量好大！既有书信格式引导，又有书信内容的要求，既表达清楚要有自己的真情实感，还有对填写信封的指导。我们一一来赏析。书信的格式是本课的教学重点，亦是难点。书信格式的教学最能凸显朱老师引导的功力。他是循序渐进分步引导的，先引导学生观察范例，让学生自主发现。接着引导学生了解各部分的名称，继而让学生继续在观察中发现。一般老师讲信的格式或许会止步于此，朱老师棋高一着，他追问学生称呼为什么要顶格写？还有哪些是顶格写的？署名和日期为什么要后缩？我不止一次教过写信，却从来没有想过这个问题，也从未给学生讲过这种特殊的格式里包涵着的写信人的谦卑和对收信人的尊重。语文课上，我们不能仅仅教给孩子技法，更要让孩子们悉心体会在技法中蕴含的文化内涵。后面朱老师对填写信封的引导，同样渗透这一理念，指导精微，在收信人的名字后面要根据不同的身份加上不同的称呼，也是为了表示对收信人的尊重。此外，填邮政编码是为了方便邮递员分拣等这些细节的引导无不体现对别人的尊重。引用鲁历的信一方面回应了之前学生的猜测，强调了信封上地址填写多么重要，另一方面也让学生明确信的内容不拘，哪怕是简简单单一件小事，写清楚，有自己的真情实感就好。

板块三：尝试写一封信

师：又写信封，又写正文，好麻烦啊！老师给你们想了一个好主意。世界上有一样东西，叫作明信片。明信片把信封和正文合在一起了。

（屏显：明信片）

师：老师已经把屏幕上的这张明信片印成了很大很大的纸，上面可以写收寄双方的邮编、地址、姓名。一旁空白的地方写什么？

生：正文。

师：对！因为你写的信是公开的，所以叫作明信片。如果没有特别的秘密，你可以用明信片来写信。待会儿我们要在这张纸上写信。明信片背面往往还有图片。这张明信片上的图片是我的小猫。今天课堂作业完成得好的同学，我会用小猫明信片给他们写信。

在这张很大的明信片上，你们打算写什么？

生1：我想给我表姐写信。

师：跟她交流一下近期的情况，那开头就是"亲爱的表姐"。

生2：我会给我朋友写信。

师：哪个朋友？

生2：一个在外国的朋友。

生3：我会给外地的堂哥写信，说说我们杭州有哪些地方比较好玩。

师：请他来玩一玩。

生4：我会给未来的我写信。

师：喔，这个好有意思哦！我们期待。

师：今天有没有同学没来上课？

生：有。

师：我建议你们给这些没有来的同学写封信。跟他们讲一下我们今天上课的情景，写写今天新认识的老师，写写今天在课上学到了什么。好，开始吧！我看谁写得又快又好。

（学生写信，时间为十分钟。）

师：下面开始交流，这是殷心瑜同学的信。

（屏显）

师：格式正确吗？非常正确！她是写给你们班的另外一个同学，她叫周怡婷。我们请她念一念。

生：亲爱的周怡婷，你好！今天，我在"千课万人"的课上认识了一位老师朱老师，他讲课可有意思了，我很喜欢他。他教会了我们如何写信，要注意哪些东西，我统统全记下来了，希望你以后能多多参加"千课万人"的活动，和我们一起学习更多的知识。祝身体健康！

师：最后那句话好像不单单是对周怡婷讲的，也是给台下的老师们讲的——多多参加活动。掌声送给她！（掌声，笑声）只有一个地方，老师替你改一改，你既然写了"统统"就不要再用"全"，"统统"就是"全"的意思。好，掌声再次送给她！

（屏显）

师：看她格式对吗？格式也对，就是字不太工整。没关系，回家好好练。现在请你念一遍。

生：亲爱的姐姐，你好！告诉你，在你去英国的这些日子里，我们这里也发生了很大的变化。人工智能越来越多，连垃圾桶都用上了。你走过去扫描一下是哪种垃圾，相应的垃圾桶就会自动打开。你今年不能回家过年，我们很失望，但是没关系，祝您在英国和室友过一个好年。祝身体健康，万事如意。弟弟×××，×年×月×日。

师：掌声送给他！他把意思表达清楚了，而且写出了真情实感。同学们，今天我们学习了正文该如何写，我们也明白了信封该如何填写，填写信封时要做到信息完整，这样你的信才能被寄到收信人的手中。此外，不要忘记贴上邮票。

刚才老师讲了，你可以写上寄信人的姓名。有的同学不太想把自己的名字让好多陌生人看到，有没有办法呢？有的。老师给大家一个字——缄，这个字意思是"封"。比如殷同学写了信，就可以在自己的地址旁写"殷缄"，代表这信是你写的。

【赏 析】

任何一项技能的习得都要靠实践，只有在写信中学生才能学会写信。如何在短短的十分钟内完成对书信和信封的书写，朱老师引入了"明信片"，而且是印有朱老师家萌宠小猫照片的明信片！教学是"巧慧"的艺术，朱老师的设计总在意料之外，情理之中。"你打算给谁写？准备写点儿什么？"两三分钟的短暂交流唤醒了孩子真实的生活体验，孩子们有了倾诉的对象，有了真实的想法，下笔就不是难事。在点评环节，朱老师侧重从本次习作的要求，即信的格式，写得清楚，写出真情实感三个方面给予关注和点评，同时他以自己极强的语感敏锐地抓住学生的语病，及时指出，使学生经历了一个"写、评、改"真实的写作过程。后面补充的开信封的方法，即"缄"，但在这里，朱老师点到为止，分寸感把握得极好。

板块四：推荐两本尺牍

师：同学们，最后我还要推荐两本书给大家。这两本书同学们现在还不能看，念初中时再看。

（屏显）

师：一本叫作《秋水轩尺牍》，一本叫作《雪鸿轩尺牍》。中国人写信，是一种文化，我们以后看一看，古人是怎么写信的。

大家可以把作文交给我。我会从中选五到十位同学，给他寄小猫明信片。（生纷纷交作文）。非常棒！收到我的明信片后记得给我写回信啊！

【赏 析】

朱老师素以阅读广博著称，他给孩子们推荐了《秋水轩尺牍》和《雪鸿轩尺牍》，相信对孩子了解书信文化、提升文言能力会大有裨益。最让我感动的是朱老师课堂最后对孩子们的允诺，他是舍得为孩子付出的！还有他的期待，"收到我的明信片后记得给我写回信啊！"在老师的期待中，孩子会再次经历真实的写信过程，同样，我们也期待着他的期待。

【总 评】

信息爆炸的时代，便捷的、更便捷的通讯方式逐渐改变着我们的生活，鲜有手写的书信往来，也渐渐没有了展卷读信时的流连低回的感动与温暖。

今天，我们怎么教写信？还是让朱老师自己来说吧："我们今天教小朋友写信，不能停留在只教会格式。我们要让他们在内心留下一颗小小的种子，让他们知道古人对于写信是极其重视的。古人通过写信来传递信息，让对方知道自己的情趣、爱好、情怀、思维等，所以，书信对于我们中国人来讲，它远远不是一个简单的传递信息的途径。书信中文化的内涵，我希望通过课堂教学让小朋友们了解。"

赏析者：潘淑亚

《我的动物朋友》课堂实录

这是统编教材四年级第二学期中的作文题。要写好这个题目，第一，要把小动物的外形、习性介绍清楚；第二，要写出自己与小动物相处的事例，通过事例让读者感受到自己对小动物的喜爱之情。

我正好养了一只小猫，所以就将其设置为导入新课的情境，然后通过学习例句和描述外形，复习描写动物外形的方法。接着先观看几段视频，再重点指导描写动物的活动情况，在描写过程中体现对小动物的喜爱。最后，在选材方面给学生提供一些小建议。

课堂实录

第一板块：介绍小猫布丁，学写外形

师：现在，很多小朋友家里都饲养宠物。哪些同学养过，或是正在养？（生举手）你们家里养的宠物可能是小猫，可能是小狗，也可能是小鸟、小金鱼、小乌龟等。这些小动物在你家待久了，你一定会产生感情，就会把它们当成家人。老师家里也饲养了宠物，名字叫布丁，是一只橘猫。布丁很有意思，我经常给它拍照。时间久了，布丁就像我的家人一样，我特别愿意向一些同学、朋友介绍小猫布丁的事情。今天这节课，我

们要学习的就是怎样向同学，向老师，向你愿意分享的人介绍小动物。老师先为大家介绍——

（播放小猫布丁生活照，师伴着轻快的音乐介绍。）

布丁是一只猫，是老师收养的流浪小猫。我把它带回家的时候，它很小。慢慢地，它长大了。有的时候，它戴上领结，好像去参加宴会的一个绅士；有的时候，它喜欢和小汽车一起合影，仿佛就是一个车模；当然，它更喜欢躲在我的书房里，躲在一堆书里面，东张张，西望望，和我玩捉迷藏。它很顽皮，甚至会跑到高高的书堆上，居高临下，看看我在做什么。它居然还把手伸到书堆里，好像要去掏什么宝贝。更调皮的是，它竟然钻到我的袖子里，化身成为传说中的"猫蛇"。当我批评它的时候，它就这样偎头偎脑地看着我，一副不服气的样子。当然，大多数时候，布丁很乖。它会静静地趴在空调上看电视。到了岁末年初，它还会坐在我的膝盖上和我来一张自拍。

（生感到新奇，笑声不断，气氛活跃。）

师：布丁的照片就先看这些。其实，介绍一只小动物是三年级就学过的。我们来复习一下，老师会依次打出一些句子，看看同学们的反应快不快。（相继出示句子）

小猫的脑袋圆圆的。

师：写什么的？
生：脑袋。（师板书：脑袋）
师：继续——

小猫的那双大耳朵，一天到晚都直竖着，哪个地方有声音，马上往那边转，活像一架有特殊性能的雷达。
小猫有一对透亮灵活的大眼睛，黑黑的瞳仁还会变：早晨，像枣核；

中午，就成了细线；夜里，变成两只绿灯泡，圆溜溜的，闪闪发光。

生：耳朵、眼睛。
师：这次反应很快。（板书：耳朵、眼睛）

小猫鼻子下面有一张人字形的嘴巴，它的胡子非常硬，像钢针一样。

生：嘴巴。
生：鼻子。
师：仔细看，有三样东西，哪个最重要？
生：胡子。
师：再想一想，自己读，可以有两个选项。
生：嘴巴、胡子。
师：有的时候，一个句子当中，可能不是简单地只写一个方面，所以一定要看仔细哦。（板书：嘴巴、胡子）再来看——

小猫长长的尾巴绕着身子。

生：尾巴。（师板书：尾巴）

这只花猫的全身是白底黑斑，远远看去，像一团雪白的棉花点上了几滴墨汁。

生：身体。
师：虽然"身体"这个词在这句话里没有，但是小朋友概括得非常准确。（板书：身体）

平时，小猫的脚掌软软的，脚底有几点圆圆的肉垫，摸着它的脚一点儿也不扎手。然而当它生气的时候，一个个钩子似的锋利的爪子便从毛里伸出来，令人生畏。

生：脚掌。

师：有的同学说脚，很好。我觉得用"脚"就可以概括了。

师：这些句子写的是小猫的什么呢？

生：外貌。

师：人才说外貌呢。

生：外形。（师板书：外形）

师：介绍一种小动物，肯定要先介绍外形。哪怕这只小动物是我们日常生活中经常见到的，你也要说一说它的样子。接下来，我要考考大家即兴口头表达能力。老师带来了小猫布丁的两张照片，你能不能选择其中的一张给我们描述一下它的外形呢？自己先轻声准备一下，自己说给自己听。

（生自由练说）

师：谁愿意第一个说？

生：布丁是一只可爱的小猫，它的头圆溜溜的，两只毛茸茸的小耳朵竖起来，大大的眼睛一直盯着你，咖啡色的毛里套着咖啡色的纹路，可爱极了。（师纠正：不说"套着"，说"还有"。）

生：从小猫的眼睛，可以看出小猫的眼睛很渴望从照片里跳出……（在这里，老师先帮你一下，直接就说小猫的眼睛怎么样，然后再说你想到的。）小猫的眼睛闪闪发亮，她好像……（是什么颜色的？）内圈是黑色的，外圈是黄色的。（你可以不说那么复杂，就说是黑色的，我们就明白了。）小猫的眼睛是黑色的，闪闪发亮，像一颗黑珍珠一样。（独眼龙啊？只有一只眼睛？）（生笑）像两颗黑珍珠一样，光溜溜的，它好像望着远方，渴望跳出来和我们一起听课，欢乐地玩耍。

师：掌声送给她！一开始说得不是特别好，慢慢修改，就说得很好了。

生：小猫布丁非常呆萌，两只耳朵尖尖地竖起来。走起路来，胡子一抖一抖的，两只炯炯有神的大眼睛盯着我，似乎在显示它的"萌"。

师：围绕一个"萌"字，从几个角度来说。很好。刚才，有的同学说到了局部，有的同学既说到了整体，又说到了局部，而且还放入了自己的感受，这样说就对了。

生：小猫布丁是一只矫健的猫。（你看，别人说呆萌的猫，他就说矫健的猫，和别人不一样，说说看，哪里看得出？）它双脚直立，倚靠在一根柱子前。（其实是它的猫爬架）头歪着，直直地盯着你，似乎在说："你在干吗？"

师：别人都说左边的这张照片，他就偏偏说右边的，好厉害！这两张照片的状态是不一样的。他选择了小猫的神情、动作来说，非常好！

生：我也想讲第二张照片。小猫斜着脑袋站在猫爬架上，尾巴耷拉在地板上。它的眼睛睁得大大的，仿佛在看远处有没有敌人。

师：你不仅讲出了小猫的样子，还说出了自己的联想。

生：你看，它的耳朵尖尖的，好像在听周围的动静。你看，它的毛是橘色的，就像毛茸茸的地毯，让人好想摸摸它。

师：你用了"你看……"这样的句式来表达，非常好。

第二板块：观看布丁视频，学写活动情况

（一）观微视频，写小猫抓鱼

师：写小动物的外形，大家都学得不错。不过，单单说小动物的外形还不够，我们要提高一点难度。小动物之所以可爱，是因为它经常和你一起玩，或者自己玩，那么，它的活动情况是什么样子的呢？能不能介绍一下？如果又介绍外形，又介绍活动情况，你就能把小动物介绍清楚了。老师是一个有心人，老师在平时给布丁拍过好多视频。看这个——

（播放视频一：布丁抓鱼）

师：仔细看哦，看它在干什么。

（生目不转睛地观看，表情惊讶，不时发出笑声。）

师：看到什么了，讨论一下。

生：小猫在抓鱼。

生：小猫在看鱼缸里有什么东西。

生：小猫紧紧地注视着鱼缸，看小鱼在做什么。

师：你把那位同学的句子讲得更加清楚了，把小猫看鱼缸的样子也讲得更加生动了。

生：小猫一边看鱼一边玩水。

师：它真的在玩水吗？最主要的是抓鱼。

生：小猫站在鱼缸的边缘，它紧紧地注视着鱼，仿佛随时都要把它吃掉一样。

师：这位同学把刚才两个男生讲的"注视鱼缸"说得更加完整了。

生：小猫站在鱼缸上和小鱼玩"我抓你"的游戏。

师：这也是你下课最喜欢玩的一个游戏吧？这个男孩子真聪明，真的就说出不一样的了。

生：它应该是玩的时候把手弄脏了，想去洗手，突然发现鱼缸里居然有一条鱼，眼睛发亮，就想抓鱼了。

师：你想到了小猫抓鱼的原因。好，我们做一个小结。刚才，第一

个发言的同学告诉我们，小猫在抓鱼，他看到了小猫的活动情况。（板书：活动情况）可是，小猫抓鱼是分好几个步骤的。这位女同学说，一开始，它站在鱼缸边沿看呢。接着，小猫去抓鱼了。另外一个同学又补充了他们的意思，他告诉我们，小猫为什么要去抓鱼。你们讲得很好！现在把你刚才看到的视频内容写下来。如果你刚才没有看仔细，老师再播放一遍，注意看清楚小猫的举动。

（重播视频一）

师：给大家十分钟，先不写题目，就写一小段话。

（生写作，师巡视。）

师：好，先停一停。有一部分同学写好了，还有同学没写完，没关系，待会老师还会给大家时间。我先请这位同学交流一下他写的内容。

生：小猫布丁去鱼缸洗手，发现了一条小鱼，就和它玩起了游戏，结果失败了……

师：有什么建议要给他吗？

生：他没有把玩的过程写出来。

师：既然你说它在那里玩，不是抓鱼，可以的。那么，它是怎么玩的呢？我们没有听到。

生：我的建议是多用一些生动的词语，用一些生动的表达方法。

师：你觉得他的句子写得有点干巴，要修改句子。我们听后面一位男同学来交流。

生：小猫在鱼缸边上转悠，看到小鱼了，眼睛就闪闪发光，忍不住去抓它。它准备好了，一只脚伸下去，顺着小鱼的游动轨迹想要捉住它，但是灵巧的小鱼每次都能逃脱小猫的捕捉，我真为小鱼感到骄傲，但是，我也会为小猫没有捕到小鱼而失落。

师：掌声送给他。他的优点是什么呢？

生：他把小猫捉小鱼的过程写清楚了。

师：你听到了过程。

生：小鱼很调皮，小猫没有抓到，很有趣。

师：是的，他没有站在小猫这一边，也没有站在小鱼这一边，而是表达了自己的意思。

生：他写了小猫和小鱼的心情。

师：他写到了小鱼怎样，小猫怎样，把这两者结合起来，所以就写具体了。刚才第一个男同学没写具体，就是因为忽略了这一点。

（二）分步补充场景，完善片段

师：小猫抓鱼，其实是分成几个步骤的，一开始是这样的——

（播放视频二）

师：（解说）仔细看哦，小猫是一个非常有耐心的猎手。不仅看鱼缸，它还看哪里了？（天花板）它在东张西望。接下来，我们看，它是怎样采取行动的。它非但去抓鱼了，而且还滑倒了。仔细看。（生专注看）它可没有马上就动手哦……现在它要动手了，小猫布丁是个"戏精"……（小猫滑倒，生恍然大悟。）

师：那么，滑倒以后它在做什么呢？

（播放视频三，生边看边笑。）

师：刚才这位男同学说得非常好，他说那位同学之所以写得好，是因为既写到了小猫，又写到了小鱼，说得太对啦。我们再看，小鱼是怎样的？

（再播视频一）

师：这条小鱼每天都在家里和小猫斗智斗勇，它非常厉害，想要抓到它是很不容易的。（生笑）

师：好，同学们，我们来回忆一下，刚才分成几个部分呢？（三个）第一个部分叫什么呀？（观察）第二部分呢？（失误）对，抓鱼失误了。第三部分呢？（休息）

（师板书：观察、抓鱼、休息）

师：好，再给大家五分钟时间，如果你觉得原来写的段落需要补充，赶紧补上去。还可以用修改符号改一改句子。

（生补充、修改段落）

师：我很想知道这位同学是怎么改的。（既写小猫又写小鱼的同学）

生：小猫站在桌子上，看准时机，就伸出"魔爪"，它的眼睛闪闪发光。你瞧，它准备好了，一只脚伸下去，顺着小鱼的逃跑轨迹，想要捉住小鱼。但灵巧的小鱼每次都能逃避小猫的捕捉。在最后一刻，小猫一不小心，从鱼缸上滑了下来，像是在坐滑滑梯。我为聪明的小鱼感到骄傲，我也为小猫没有捉到小鱼而感到失落。

师：他真的是在原来的基础上做了修改，掌声送给他。

生：小猫先在位子上观察鱼儿的动静，然后再慢慢靠近它，在鱼儿没有防备的时候，一下子伸出爪子开始抓鱼。可是在抓鱼的时候，它不小心滑倒了。它的脚扭伤了，只好坐在地板上休息。

师：它为什么滑倒了呢？如果你能说清，就更好了。

生：因为它的爪子在抓鱼的时候被水弄湿了，所以一不小心就滑倒了。

师：我还想推荐一位女生，她写的和你们都不一样哦，她写了一个童话故事。我们来听一听。

生：小猫玩够了，手上都是灰，就到小鱼住的地方洗手。它先把头低下去，仿佛在说："小鱼，我来你这儿洗手啦！"小鱼没有理会它。小猫很生气，好像在说："喂，你怎么不理我，看我怎么把你拉上来！"小猫把手放在水里，想要拉小鱼。它碰到了小鱼，可灵活的小鱼溜走了。小猫更加生气了，忍不住用两只小爪子捉小鱼，可是一不小心就滑倒了。小猫只好坐在地上休息，用舌头来帮爪子按摩一下，准备着下一场战争。

师：掌声送给她！她把一个小视频变成了一个童话故事，而且，读完以后，让人好期待下一场战争会是怎样的呢！

第三板块：拓展阅读"猫片段"，感受多样写法

师：同学们，老师为什么把最后一句话打成了红色？（出示）

小猫满月的时候更可爱，腿脚还不稳，可是已经学会淘气。一根鸡毛，一个线团，都是它的好玩具，耍个没完没了。一玩起来，它不知要摔

多少跟头，但是跌倒了马上起来，再跑再跌。它的头撞在门上，桌腿上，撞疼了也不哭。它的胆子越来越大，逐渐开辟新的游戏场所。它到院子里来了。院中的花草可遭了殃。它在花盆里摔跤，抱着花枝打秋千，所到之处，枝折花落。你见了，绝不会责打它，它是那样生气勃勃，天真可爱！

（老舍《猫》）

生：红色部分写的是作者的感受。

师：还有一篇文章，更有意思，叫《武林高手张三疯》，老师也把一部分句子变成红色。因为作者既写了小猫，又写了——（生：黑子）。黑子是谁啊？（小狗）（出示片段）

你看它用一只前爪扇过黑子的脸，随即用其他三只缠住黑子的腿，扇过去的前爪回头再蜷起来搋黑子一拳。黑子呢，高大威猛，自知和张三疯不是一个级别的，很不屑与它对抗，完全是一副猫戏老鼠的情状来对付张三疯，吼叫着冲过去，张开大嘴，张三疯就吓翻了，四只爪子数只钩子一起聚过来闭上眼睛迎接泰山压顶。生死存亡之际，黑子却暂停了，黑子要的就是张三疯惊慌失措的样子。张三疯不依不饶，又缠上黑子的腿，左挠右抓。（王晓《武林高手张三疯》）

师：在日常生活中，我们可以看到小动物的很多活动情况，只要你把最有意思的部分，印象最深的部分写下来，你写得越是细致，读者就越能感受到你对小动物的喜爱。我家的小猫还会看报纸，你肯定不相信吧？

（播放视频四）

师：（解说）我在看报纸，布丁也要看。我不想给它看，它好生气哦，拉住我的手，觉得我的报纸放得太高了。它看我不理它，就走了。（生笑）是不是很好玩？在饲养小宠物的同学家里，每天都会发生类似好玩的事情。

师：同学们，我们这节课先口头介绍了布丁的外形；然后分步骤介绍它的活动情况；最后，把它们合在一起，我们就把一只小猫介绍清楚了。（梳理板书）你们家里饲养的是什么小动物？

生：我养的是金鱼。

生：我养的是仓鼠。

生：我养了乌龟。

（师板书：狗、鸟、鱼、龟）

师：我们今天在课堂上练习的是写小猫，回到家以后，可以换你自己饲养过的，或是你感兴趣的小动物来写。当然，有的同学可能从来没有饲养过小动物。没关系，今天放学的时候，去花鸟市场转一圈，买一种饲养起来比较方便的小宠物，晚上就可以写了。好，今天这节课就上到这里，同学们再见！

生：老师再见！

板书设计

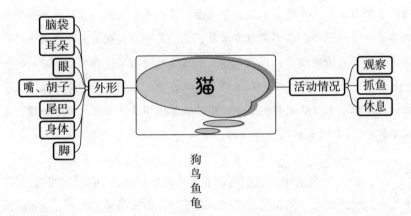

《我做成了（　　）》课堂实录

　　《我做成了（　　）》是一节教材范围外的作文课。习作要求是写出制作小物件的过程，特别是遇到了什么困难，如何解决的，更要写清楚。另外，还可以介绍小物件做好后，是如何玩的。对四年级学生而言，将制作过程描述清楚是难点。原因有两个：一是学生缺少相应的词汇积累，做过的事情，不知道如何表达；二是学生的逻辑思维能力还不强，在讲述制作步骤时，会出现语句混乱的情况。因此，这个难点也是教学中要解决的重点。

　　我先让学生提前在家制作小风车并在课堂中让学生讲述制作过程中遇到的困难，为之后写作做好铺垫，然后重点指导描述制作过程。我用照片分解制作步骤，引导学生口头表达。我以最难的第三步为例，为学生演示制作风车叶片的过程，在黑板上呈现如何修改句子，以此帮助学生攻克难点。习作交流之后，再请学生归纳介绍思路。统编教材四年级第二学期中有一道作文题《我学会了（　　）》与本课很相近。

课堂实录

第一板块：讲述制作风车时的感受

　　师：大家已经在课余做成了一架小风车。在制作的过程中，印象最深的是什么环节？做完了以后，你有什么心得、感受？

生：因为我的风车有三层，所以我把大头针穿过去的时候很难弄。一开始我想放弃，可是最后我还是坚持下来了。结果发现风车很漂亮，所以做任何事都不能放弃。

师：她告诉我们她的风车有三层，做的时候遇到一些困难，可最终做成了。所以她感受到做任何事情都不要轻易放弃。真会说话，掌声送给她。她为什么真会说话，谁能够告诉我？

生：因为她讲了一件事，还说明了一个道理。

师：有事实，有感受。

生：我在做叶片的时候，试过很多次，一开始是做成扁的，但我发现它吹不起来。后来我试了很多种方法，最后试了中间有缝隙的这种，这样吹起来就会转得很快。

第二板块：讲述制作风车的步骤

师：你会把风车制作过程分成几个步骤？

生：我会分成四个步骤。

（师板书：1、2、3、4）

师：说说看。

生：第一个步骤就是把这四个叶片折成四个三角形，打开之后会有折痕，每个折痕上剪一刀。

师：说得大声一点。

生：制作叶片是第一个步骤，把一张正方形的纸对折两次，打开之后就会有折痕，然后沿着每个折痕都剪一刀。

师：第二步呢？

生：第二个步骤就是把剪一刀的地方卷起来。

师：第三步呢？

生：第三个步骤就是把它粘起来，把大头针插入叶片，插上吸管，这样就可以了。但为了安全起见，在后面再装一块海绵。

师：考虑得真周到。生怕自己的手在玩的时候被弄伤，套一块海绵来保护自己。很好。确实分了四个步骤，还有其他同学分享一下自己的制作步骤吗？

生：第一步跟他一样，是制作叶片，然后剪好。第二步是把双面胶切成三角形贴上去，这样才能粘起来。第三步就是把针穿过去。第四步是把大头针穿过吸管，然后套一块海绵，下面可以做一个底座。

师：也是四个步骤。但是有些地方我听不明白，尽管这位男同学在说的时候，已经很周到了。他一边说一边还做手势。他还告诉我们，用一根大头针穿过去。（师边说边做动作）但是怎么穿过去呢？我没有看到你做，说实话我真的不理解。所以，要想把一个简单的动作说清楚，不是那么容易的。现在屏幕上有四张照片，每一张是一个步骤。每一个步骤能不能用一句简洁明了的话描述出来？第一张照片，谁会说？

生：对折。

师：这不是一句话了。

生：先拿出一张纸，把它的两个角对齐，折一下，再把另外两个角对齐，折一下。

师：这样的折法叫什么呢？

生：（齐）对折。

师：对折。再加一个字就更清晰了。

生：（齐）对角折。

师：这个同学给我们贡献了一个"先"字。（板书：先）然后大家一起讨论就知道这叫"对角折"。（板书：对角折）折几次？

生：两次。（师补充板书：两次）

师：谁能完整地说一遍？

生：先将一张正方形纸对角折两次。

师：掌声送给她。第二张照片怎么说？

生：沿着打开来的折痕用剪刀……

师："打开"两个字不要，沿着……

生：沿着折痕……

师：对，这两个字（折痕）用得好。（板书：折痕）

生：用剪刀剪一半。

师：剪一半够吗？

生：一大半。

师：再精确一点，剪多少？

生：三分之二。

师：剪到三分之二处。（补充板书：剪到三分之二处）

生：再用剪刀沿着折痕剪去三分之二处。

师：不是"剪去"，是"剪到"。

生：剪到三分之二处。

师：你又说了一个连接词，很好。（补充板书：再）

师：第三个步骤最难，要想说清楚不容易。

生：用双面胶粘在四个角上，然后沿着中心粘上去。

（师板书：用双面胶粘在四个角上，然后沿着中心粘上去。）

师：大家觉得这句话需要改进吗？先看老师做一下。

（师边说边做演示）

生：然后用双面胶粘在四个角上，沿着中心粘四次……

师：沿着中心粘四次？

生：每一个角沿着中心粘一次。

师：这四个角有一个要求，你看好，这是一个角，我能用这个角吗？

（边讲边折）

生：方向要一致。

生：方向要统一。

（师补充板书：同一个方向）

生：沿着。

师：不是"沿着"。（师做动作）

生：向下。

师：向哪里？

生：向中心点。

师：是折吗？现在的四个角处于什么状态？用两个字就可以说。

生：重叠。

师：对，四个角的状态应该是重叠。我们再来改，"把双面胶粘在同一方向的四个角上"，不说"沿着"了也不说"粘"了，怎么说？

（师边板书边说：将它们……）

生：重叠。

师：重叠在哪里？

生：中心点。

（师补充板书：将它们重叠在中心点上。）

师：对。最好当中再加一个什么标点？

生：逗号。

（师直接在板书上修改：把双面胶粘在同一方向的四个角上，将它们重叠在中心点上。）

师：好了，现在再看第四张照片。想一想，该怎么说？

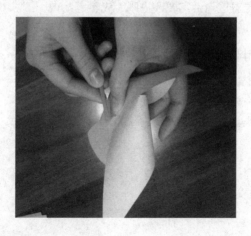

生：最后把一根针从中心点穿过去，再扎入吸管，一架风车就完成了。

师：还可以怎么说？

（师板书：穿过）

生：最后用一根大头针把做好的风车固定在一根吸管上。

师：这时候还没有做好一架风车，这时候只是做好了叶片。

生：把做好的风车叶片固定在一根吸管上。

师：吸管的哪个部位？

生：最后用大头针把叶片固定在吸管的顶部。

师：对了。

（师补充板书：顶部）

第三板块：想象风车做好后遇到的困难

师：这个时候就能说，一架风车做好了。可是，有的小朋友做好风车以后，一点儿也不开心。我不知道，你们在家里做的时候，是不是也遇到过这样的情况？从下面三张照片中你能看出什么？

师：仔细观察他们的神情和动作。你能猜出什么？

生：我觉得风车转不起来，所以男同学很不开心。然后女孩子过来仔细查看了这架风车，发现了问题所在，并且帮他修好了。最后两个人因为风车能够转起来感到高兴。

师：你把一件事情的梗概清晰地表达出来了，但到底发生什么问题了呢？

生：可能是风车叶片离吸管太近了，在转的时候叶片卡住了。小女孩帮他把风车往前面推了一点。

师：不是把风车往前面推了一点。

生：把叶片往前面推了一点。

师：应该是把图钉——

生：往外拉了一点。

师：往外拔了一点。

师：你找到了问题，但是很遗憾，你没有像那个小姑娘一样清楚地表达出来。

生：小男孩做好了一架风车，可是他非常不高兴，因为他的风车一点儿也转不起来。一个女孩子走过来，发现他的风车叶片离吸管顶部太近了。于是，她把大头针往外拔了一点，风车就畅通无阻地转起来了。两人都很高兴。

师：掌声送给她。真不错！我们在家里做风车的时候，可能遇到的情况更复杂。不是做完之后遇到问题。（板书：鱼骨图）可能是在做的过程中也遇到了问题。你遇到什么困难了？

生：我是在大头针穿过这张纸的时候，遇到了问题。

（师在步骤 4 的左边补充板书：问题）

生：我是在剪的时候剪太多了。

（师在步骤 2 的左边补充板书：问题）

生：我在最早的时候搞错了，不是"对角"而是"对边"折。

（师在步骤 1 的左边补充板书：问题）

师：同学们的做法不同，就会遇到不一样的问题和困难，把自己的问题和困难说出来，分享给同学们。下面请大家看习作要求：

1. 可以写制作风车的整个过程以及遇到的困难和解决的方法。

2. 可以写制作风车之后遇到的问题或者如何开心地玩风车。

两道题中选一题做。

（生写十四分钟，师巡视。）

第四板块：学生交流习作

师：下面开始交流习作。

生：呀，风车做好了。它怎么转不起来了？难道是我在做风车的时候出了纰漏吗？不会啊，之前做的风车都转得快极了。难道是因为这次创新了？对了！这次我为了使风车更美观，在叶片上加了贴纸，导致风车的重心不稳，所以才转不起来呀。我赶紧在风车叶片上对称地增加了同样的贴纸，轻轻一吹，风车又灵活地转起来了。

师：因为之前没有转过，所以"又"字不要。

生：风车灵活地转了起来，我看着转动的风车，心里比吃了蜜还甜。

师：你结合了自己做风车的经验，找到了问题所在。

生：呵呵，我的小风车终于做好了。但是它为什么转不起来呢？我用力一吹，呼！怎么还是转不起来？我左看看右看看，可还是找不到有什么问题。

师：改成"可还是找不到问题"。

生：可还是找不到问题。我疑惑地拿着风车去问妈妈。"妈妈，为什么我这架风车不管怎么吹都转不起来呀？""让我看看。"妈妈说，"哦，原来你把大头针扎得太紧了。让我来帮你调整一下。"我看到妈妈把大头针往外拉了一点，然后用力一吹。哇！我的小风车转得好快呀！看来还是妈妈最聪明。我拿着风车在房间里跑来跑去，看着风车转动的样子，开心极了。

师：这两个同学的写法有什么不一样的地方吗？

生：一个是自己找问题，一个是妈妈找出问题。

师：你们喜欢哪一种？

生：我喜欢自己解决问题。

师：我两种都喜欢。自己解决问题显示出她很能干。另一位同学，通过对话，来写两个人一起解决问题，把文章写得更具体，更有意思，所以我都喜欢。

生：语文课上，老师对大家说："同学们，今天做风车高不高兴？""高兴！""好，那我们现在就来做。"同学们都高兴极了。我心想，一定要做一架最漂亮的风车。老师发下了材料，我们就动手做了起来……

师：其余部分就是我们刚才口头练习过的制作过程，因为时间关系先不念了。如果你要向同学介绍做风车，可以按照怎样的思路来介绍呀？

生：我认为应该先写拿到材料后的想法。第二步就开始做，做到一半也许会遇到困难。第三步就自己做好了，然后再写一点自己做好风车以后的感觉。

师：如果这样去写，你就能把制作一个小物件的过程说清楚。同学们，今天我们写的是制作小风车的片段。回家以后同学们可以有条理地、完整地把全文写下来。也可以写制作别的物件。

下课。

附

《我做成了（　　）》是一节中年级素描作文课，是我多年学习、实践素描作文教学的一份作业。我曾经为贾志敏老师的一节作文课写过一篇评课。在评课中我将素描作文教学的核心要素归纳出来。现将那篇评课抄在下面。

素朴的描绘
——听贾志敏老师素描作文课有感

1992 年 3 月里的某天，贾志敏老师到我就读的师范学校找到我，希望我提前毕业，到他的学校工作。虽然之前我听过贾老师的报告，但真正相识应该是这个时候。那时，贾老师正在准备《贾老师教作文》的讲稿。不多久，电视台开始连续播出系列片《贾老师教作文》，轰动异常。由此，我不断听作文课，上作文课，读作文教学理论，我的语文教学生涯从作文教学起步。

2 月 27 日下午，又一次听贾老师上素描作文课，一边听一边忍不住回想起十多年前贾老师指导我上课，教我编辑校报，修改文章，编书的情景。这一课，于我实在不仅仅是一节课。现将我的听课随想写在下面。

一、把发展连贯准确的语言放在首位

一些同行评讲小学生作文，总喜欢告诉学生表达要具体生动。殊不知，写生动不是所有学生都能达到的，也不是作文教学的首要目标。让学生连贯流利准确地进行口头、书面表达才是每个孩子必须掌握的技能。贾老师的课于此有非常清晰的呈现。在让学生动笔之前，贾老师安排了听故事、复述故事、提炼句子、读句子等内容，当学生站起来完成口头表达练习时，对于之后要写的作文的主要内容也熟悉了。这样的练习不仅作文前有，在作文后交流时的评点中也有。一个字一个词用得不合适，贾老师都会敏锐地指出，然后让学生修改好，再读一次，以加深印象。教学生学会仔细观察，准确表达，是素描作文的核心教学目标之一。这不是一件容易的事情，需要教师具备良好的语言素养和全身心地关注学生。

二、在情境中帮助学生具备形成典型表象的技能

小学生写作文的难点无非两点——不知道写什么和不知道怎么写。其中后者尤难。素描作文将生活中的场景搬进课堂，让学生通过情境和材料具备形成典型表象的技能。这样便能很好地解决前述难题。典型表象就是那些最能反映事物本质特点的知觉形象。学生一旦在头脑中能对某事某物形成典型表象，那么就能将一篇文章的骨架搭出来。贾老师的教学中安排了一次表演，就是培养学生这一技能的。看似随意的表演，其实并不简单。贾老师先是口述情节，再为参加表演的学生"说戏"，随后才表演，最后还组织学生将表演内容梳理成几句话。在此基础上，才让学生动笔。由于设置了坡度，学生习作的难度降低了，这有助于学生形成良好的作文心理。有人总担心材料作文会影响到学生的想象力，其实，完全不必。当学生学会怎么写后，他们的想象力就会插上翅膀，自由翱翔。

三、师生合作引导学生表达典型表象

素描作文以观察实物实景为途径，用片段和简短的篇章训练作为形式，运用叙述和描写相结合的手法反映生活的作文教学法。所以在引导学生为"骨架"添上"血肉"时，教师需要以合作者的身份出现在学生面前，而不是以指导者自居。在与学生们表演时，贾老师是那样的和蔼可亲，课堂上笑声连连。我想，在笑声中孩子们一定会对这位老爷爷平添许多亲近感。而这样的亲近感有益于学生观察、积累鲜明的感性表象，关联自己的生活合理想象，并自然而然地、素朴地描绘出来。

贾老师常说，学作文就是学做人。所以教作文也就是在教学生成人。贾老师用行动验证着自己的话，朴朴素素、实实在在，又耐人寻味，让后辈感受到榜样的力量，不敢懈怠，奋发前行。

2014 年 3 月 10 日

《味道好极了》课堂实录

　　《味道好极了》是四年级教材范围外的作文课，要求学生写某种小吃的形状、颜色、味道，也可以将其放在一件事情中交代。

　　四年级学生对于食物的外形基本能写清楚，但是对如何写出滋味的美妙则会觉得困难，因此，我在课堂上主要做两件事：一是创设情境，指导学生描述食物外形，并与范文比较，了解使用短句子，多角度的描写方法；二是让部分学生课中品尝糖的味道，并记录感受。

　　写外形，虽然不难，但要写清楚自己的感受，让句子朗朗上口还是不容易的。在这个板块中，我设计了以下步骤：（1）看图片说外形。（2）当场修改句子。（3）比较句子，感受短句子的特点。（4）再次比较句子，了解多角度的写法。通过这些步骤，帮助学生加深对食物外形描写的认识。

　　课堂中品尝食物再写下来，是很常见的方法。这次我调整了一下，给两个学生发一颗糖，得到糖的写吃的感受，没有得到糖的，写看别人吃的感受。有的孩子吃到了，很得意；有的孩子没吃到，有点嫉妒；有的孩子吃到了，还要向别人卖弄炫耀。一时间，孩子的各种情感体验完全被激发出来，加之之前提供了范文，这就让学生有话可写，有话愿写。

　　课堂中指导方法，同时又留出发挥的空间，使得不同层次的学生都能在良好的作文心理机制下完成习作。

第一板块：引用例文，感受描写食物的方法

师：今天我们要学写一篇命题作文，一起读题目——

生：味道好极了。

师：老师先讲一个故事，讲得很快，同学们要非常仔细地去听，听清里面各种各样的信息。

赵清遥一到家就对爸爸说起学校里的事情来。

"爸爸，今天王老师的作文课真是有趣极了。"

"怎么了？"爸爸好奇地问。

"他带了很多小点心到教室里来。小笼包、锅贴、馄饨、面饼、糕团……满满地放了一讲台。我们都兴奋极了，伸长脖子看。"

爸爸笑起来："一群小馋猫。"

"王老师说，今天他请我们吃点心。不过，吃完了要说说感受，最好还要简单介绍一下点心的外形和颜色。大家一听，争先恐后地举手，因为这太容易了。再说，正好肚子也饿了。

"鲁历第一个上去。您知道，他是个小胖子，最贪吃。他拿起筷子，夹了一只小笼包就塞进嘴里。皮一破，小笼包里的汤汁一下子射出来，第一排的女同学都吓得叫起来，赶紧躲开。鲁历一边吃一边说，好烫好烫。那样子惹得我们哄堂大笑。吃完后，他结结巴巴地说：'我吃了一个小笼包。吃的时候太心急了，包子里的汤汁都溅出来，把嘴也烫着了。不过小笼包的味道真是好极了。否则我不会那样心急。'

"第二个上去的是沈池。她不像鲁历那样着急。她选了一个面饼，说，面饼是圆的，黄中带焦。饼上有许多芝麻，闻一闻很香。说完，她就咬了一小口。咽下去后，接着说，饼很有嚼劲。"

"到底是女孩子，很细心。"爸爸说，"你上去吃了吗？"

"没有。老师没叫到我。老师等我们品尝得差不多了，就说，今天的作业就是写一种自己喜欢的点心。他问我们，能不能找到材料。我们都说能。因为实在不行，就选课堂里的一种点心也可以啊！"

"日常生活中有不少值得写的素材，王老师是在教你们找习作材料啊。你打算写什么啊？"

"我本来打算写小笼包，可是交流的时候很多同学都想写它。有的说可以写外形和吃法，有的说要写出怎么做的，有的说要介绍有关的民间传说，还有的说要介绍一件与小笼包有关的事情。我一听，就决定不写它了，和大家写得一样有什么意思。"

"那你打算写什么啊？"

清遥笑嘻嘻地说："我打算写虾饺，大家都没有提到它。"

爸爸说："好啊！你不是在好几个地方吃过虾饺吗，你就把它们的相同点和不同点写出来，那样肯定和别人不一样。"

"谢谢爸爸……"

过了一会儿，爸爸悄悄地走到他的身后，只见作文已经开了一个头，叫《美味虾饺》。

师：同学们，故事听完了，你还记得什么？

生：我记得，有一个很胖的男孩叫"鲁历"，他吃了一个小笼包。

师：你记得吃了什么。

生：（补充）他因为心急，一口咬下去汤汁全溅出来，第一排的女生都急着往后躲，他自己的嘴巴也烫着了。

师：你有类似的经历吗？

生：有过一次。

师：你记住的是这种食物的"吃法"。（板书：吃法）

生：我记得故事中的主人公给自己的作文起名叫《美味虾饺》。

师：你记住了别人的选材。

生：我记得，当老师把那些美食拿过来的时候，同学们一个一个伸长脖子很心急地看着。

师：你关注到了同学们的神情。

生：我留意到"蟹壳黄"的外形。

（师板书：外形）

生：我记住了蟹壳黄，还有那个女同学品尝之后说它很有嚼劲儿。

师：那就是味道。（板书：味道）

生：那个女同学不像第一个男同学吃东西吃得那么急，她是细嚼慢咽，然后主人公的爸爸就说女孩子很细心。

师：你同样对一个女孩子的吃法留下了深刻印象。你是不是也这样吃东西？

生：有时是这样。

师：同学们有的记住了食物的外形，有的记住了味道。对于一种食物来讲，还可以怎么介绍？

生：可以写它的颜色。

师：是呀！一说到外形就让人想到了颜色。（板书：颜色）我把故事中提到的美食的照片做成了课件，我们一起来欣赏。

（播放课件）

师：看了以后觉得饿吗？

生：饿！

师：想吃吗？

生：想——

师：很遗憾，我不能提供。

（生笑）

第二板块：练习描述食物外形

师：我们来看一看"虾饺"。你能不能用一两句话说说它的外形？

（出示虾饺照片）

生：它晶莹剔透，皮十分薄，里面透出虾的淡红色。

师：说得不错。（板书句子）

师：还有谁会说？

生：它肉很多，很有嚼劲，外形有点白，而且外面能看到里面透出的粉红色。

师：（板书句子）这两句话都有需要修改的地方，我们一起来改。先看第一句，这个"它"指的是？

生：虾饺。

师：（板书：将"它"修改为"虾饺"）继续修改。

生：应该说"虾饺的外皮晶莹剔透"。

师："外皮"用得不好。直接改成"虾饺的皮晶莹剔透"就可以了。但是我想把"十分薄"保留，你说应该怎么修改？

生：薄薄的虾饺皮晶莹剔透。

师：改得好。虾饺的皮十分薄，薄到什么程度呢？晶莹剔透。明白了吗？介绍一样东西，通常先说它是怎么样的，然后再说自己的感受。先有见闻，然后才有感想。继续修改。

生：后面半句可以改成"里面透出了虾仁的粉红色"。

师：把这句话倒过来说。

生：里面透出粉红色的虾肉。

师：（修改黑板上的第一个句子）接下来修改第二句。同样先说清楚是"虾饺"。接着呢？

生：虾饺的肉很饱满。

师：能把"肉"换成别的字吗？

生：虾饺的馅儿很饱满。

师：对啊！对于饺子、馄饨这类食物，要说馅儿。虾饺的馅儿很饱满，这个"饱满"用得很好。"很有嚼劲儿"是什么时候的感受？

生：吃的时候。

师：现在写外形，吃了吗？

生：没有。

师：所以这句话应该——

生：删掉。

师："外形有点白"？

（生笑）

生：应该说"颜色有点白"。

师：既然说"白"，当然是指颜色，"颜色"两字还需要吗？

生：不需要。

师：用一个叠词，让它可爱一点。

生：雪白雪白的。

师："雪白"有点夸张。

生：看上去白白的。

师：白白的，多可爱呀！（修改黑板上的句子）还可以怎么描写？

生：外形有点像扇贝。

师："外形"两个字删去。

生：有点像扇贝。

师：（修改黑板上的句子）句子改好了。一起读读看。

（生读句子）

师：我们再一起读读作者描写虾饺的句子。

生：（齐读）我看着碗里的那个虾饺，它晶莹剔透，外面的皮很薄，有一点儿发白，但能清晰地看到里面粉红色的虾肉。

师：你们喜欢自己的还是喜欢别人的？

生：自己的。

师：为什么？

生：我们的句子更加简洁明了。

师：给自己掌声。（生鼓掌）介绍一种食物的外形看似简单，但要真正写好，也是不容易的。文章不厌百遍改，句子也是如此。小作者后来也修改了那个句子。一起读——

生：（齐读）我看着碗里的那个虾饺，它晶莹剔透，外面的皮很薄，有一点儿发白，但能清晰地看到里面粉红色的虾肉。闻一闻，啊，一点腥味也没有。

师：如果说看到的是"视觉"，现在作者增加了——

生：嗅觉。

生：（补充）还有触觉。

师：在写外形的时候，我们既可以从视觉角度介绍，也可以从嗅觉角度介绍。如果你品尝之前用手碰一碰，也可以写触觉感受。不过，如果是给别人吃的，那你就不要去碰了。

（生笑）

第三板块：比较例文，梳理写法

师：接下来，我们读一读《黑面条》和《美味虾饺》。

黑面条

家乡的城东门外，紧傍着护城河的小桥旁有一间卖烟的小铺。我正在小桥旁玩，卖烟老汉的孙子捧着一大碗黑高粱凉面条大步跨出门外，顺势蹲在门口，瞅了我一眼，不慌不忙地用筷子将面条、黄瓜、蒜拌来拌去，将面条高高挑起，又冲我瞅一眼，"呼噜——"将面条猛地吞进，嚼得喷喷有声。他以为我在咽唾沫了，或许我真的咽唾沫了，得意起来。又挑起一筷子面条，晃来晃去，瞅来瞅去，冲我挤眉弄眼，又呼地吞了进去，紧嚼几口，啊地一声舒出一口长气，像是香极了。大概我又咽唾沫了。他更得意地将那面条拌来拌去，这时我觉得四周的一切都不存在了，惟有那晃动着的黑面条。

突然，我的后背挨了一巴掌，一只手将我趔 (liè) 趔趄 (qie) 趄地拽了过去。是二姑。她边走边嚷："哪里都找不着你，跑到这里看人家吃饭，馋死你，看我不告诉你娘。"

美味虾饺

我不是什么美食家，但也吃过不少美味的点心。在这些点心当中，我最喜欢的是南翔小笼和虾饺。南翔小笼不是那么容易吃到的，所以虾饺就成了我的最爱。

记得第一次吃虾饺是在避风塘。那次，去避风塘吃饭，上来了四个小小的、像饺子似的东西。我奇怪地问妈妈："妈妈，这是什么呀？""这是虾饺，很好吃的。你尝尝看。"妈妈夹了一个，放进我的碗里。平时，我很讨厌吃虾，觉得虾有腥气，所以迟迟不肯动口。妈妈似乎看出了我的心思，对我说："吃吃看吧，不好吃就吐出来。"我看着碗里的那个虾饺，它晶莹剔透，外面的皮很薄，有一点发白，但能清晰地看到里面粉红色的虾肉。闻一闻，啊，一点腥气也没有。于是，我大着胆子咬了一口，一点吃不出虾的腥味，只有鲜美。那虾可不是碎的，而是一整只的大虾，还微微有点弹性呢！里面有一些类似竹笋的小丁，就连皮也很好吃呢！我又夹了一个虾饺吃。妈妈见了，笑起来："我说得没错吧。"

后来，我又在致真酒家吃了虾饺皇。那滋味，和避风塘相比，有过之而无不及。虾饺没有粘在蒸笼上，皮是那样糯。虾更鲜，更有弹性。里面的小丁也更多，更好吃。闻着很香，看起来更加漂亮，像水晶一样。因为当时坐着其他人，否则爸爸妈妈看到我那么爱吃，一定会把所有虾饺都给我吃的。

我还在豪享来和杏花楼吃过、买过虾饺，虽说味道不错，但和前两个地方相比，就逊色多了。

不管哪个档次的虾饺，我都爱吃。虾饺是我最喜欢的点心，所以每只虾饺对我来说都是美味的。

师：读完两篇文章，你发现它们的相同点或者不同点了吗？

生：《黑面条》是写看别人吃面条，《美味虾饺》是写自己吃虾饺。

师：你真聪明，一下子就看出了它们的区别。写一种食物可以从自己或别人两个角度来写。（板书：两个角度——自己、别人）

生：第一篇只写了一件事情，第二篇写了两件事情，而且第二篇是有详略的。

师：你又有了新发现——有详有略。你还发现了一个方法——通过一件事来写一种食物。（板书：通过一件事来写一种食物）

生：第二篇写得很具体。

师：那么第二篇是怎么写具体的呢？老师把这两篇文章的结构梳理了一下，请看——

黑面条

1. 我看卖烟老汉的孙子吃面条。
2. 我被二姑带走了。

美味虾饺

1. 虾饺是我的最爱。
2. 在避风塘吃虾饺。
3. 致真酒家的虾饺皇更好吃。
4. 杏花楼和豪享来的虾饺逊色一些。
5. 对我而言每只虾饺都是美味。

师：通过小提纲，我们对两篇文章的详略看得更清楚了。你现在又有什么发现？

生：《黑面条》中只有一个地点，而《美味虾饺》中出现了几个地点。

师：为什么要介绍在几个地方吃虾饺的经历呢？

生：那样就能让人比较出，哪里的虾饺好吃些。

师：对啊，是为了对比。

生：《黑面条》写的是他怎样吃，让人读了觉得十分馋。《美味虾饺》着重介绍了虾饺的外形，让人读了不由得产生很多联想。

第四板块：品尝糖果，练习写作

师：我来小结一下大家刚才的交流，介绍一种食物的时候，既可以通过一件事来表现它，也可以直截了当地把它当作"物"来介绍。既要写出见到的、闻到的、尝到的，也要写出联想到的。今天老师没有带来点心，不过老师带了糖，我知道你们很喜欢吃糖。请大家查看自己的桌肚，看看谁幸运地得到了糖果。

（学生低头寻找糖果）

师：请拿到糖果的同学，慢慢剥开糖纸，细细品尝吧。没有得到糖果的同学就仔细观察你的同学是如何吃糖的。

（学生嬉笑着品尝、观察）

师：现在，请大家拿出稿纸，吃到糖的同学可以写出你是如何得到糖果，如何剥开糖纸，如何品尝的，以及你的感受。没有吃到糖果的同学请写出自己的见闻和感受。

（学生习作）

师：同学们都已经写好了。下面邀请几位同学来交流自己的习作。

生：我的同桌拿起糖，"啪"的一下子撕开包装纸。

师：这个象声词用得非常好，说明这个同学非常着急，非常用力。

生：一下子把糖扔到嘴里。他开始细嚼慢咽起来，还时不时向我咽着唾沫，得意地朝我挤眉弄眼，可把我给气坏了。

师：你把自己的"羡慕嫉妒恨"表达得很清楚。再请一位同学交流。

生：这颗糖圆圆的，闻一闻，香气扑鼻。我的同桌看着它忍不住咽了咽口水。我把糖放到嘴里，甜甜的，让我想到了很多快乐的时刻。最后，我使劲嚼了起来，嘴里发出了"嘎吱嘎吱"的声音。

师：有视觉、有味觉、有嗅觉，还有联想。再请一位交流——

生：我欣喜若狂，抓起糖果细细端详，它的包装纸是红色的，底下有一道绿色，上面有几个英文字母。我撕开糖纸，只见糖是大红色的，晶莹剔透，像一块宝石。我摸了摸它，感觉黏黏的，闻一闻，阵阵香气飘了过来。

师：这位同学着重描写了糖果的外形，因为时间关系，吃的感受还没有写出来。老师相信，他一定能把滋味写得很好。

生：我撕开包装纸，一粒小小的糖果呈现出来，是粉红色的，熠熠生辉。乍一看……

师："熠熠生辉"用得不好。删除。

生：乍一看，真像一颗红宝石呢！我把它放在舌尖上，一股又甜又酸又涩的味道传出来……

生：涩？

师：改成"又甜又酸的味道传出来"。

生：传遍了整个身体。

师：一下子"传遍了整个身体"？这个句子写得不好。删去吧。

刚才我们在课堂上练习描写糖果。不过，我们回家要写的是一种小点心或者是一种菜肴，但写法是一样的。你可以把它当作一篇状物文章来写，也可以把食物的介绍放到一件事情里写。如果你还能写出自己特殊的体会就更好了。期待读到大家的作品。

下课。

附

一堂清新实用的作文课

周云燕

朱煜老师的作文课一向受到广大一线教师的青睐。他的课少有标新立异的形式，少有令人炫目的课件。他坚持教好教材作文，朴实、有效，反而显得别具一格。用老师们的话来说，朱老师的作文课听得懂，学得会，用得上，很实在。《味道好极了》一课体现了朱煜老师一贯的清新风格。

一、创设情境，给予体验，让学生想写

课一开始，朱老师设计"讲故事"环节，实质是围绕主题通过一段范文，自然而直接地引出了《味道好极了》一文的内容要素，即外形、吃法、味道、选材、神情等。学生先是用心"听"，然后在交流对话中学习提取信息，概括信息，进一步明确了习作的内容。朱老师的故事语言生动，情境有趣，激发了学生的表达欲望。再有，课上，"吃糖果"的情境

创设特别巧妙。同桌两人，两个角度，一个品尝糖果讲感受，一个观察别人吃糖果的样子谈体会。课堂上，我"吃"，你呢？看着我吃，多有意思啊！基于体验的表达，真切的感受呼之欲出。视觉、味觉、嗅觉、联想，细节的描写、情感的流露、多角度的表达，让学生在自己的感受点上着笔，因需要而表达。

二、推敲词句，注重过程，让学生会写

创设情境，让学生经历，虽然能帮助学生排除了动力性的写作困难，但是不少学生即便有滔滔不绝的话语欲望，却不等于他们就会表达。学生还是会碰到一些能力性的困难。例如有话而无从说起，理不清头绪，甚至找不到表情达意的词句。紧扣表达难点，现场修改，呈现学习过程是朱煜老师作文课的一大亮点。

请看以下这段课堂实录：

师：我们来看一看"虾饺"。你能不能用一两句话说说它的外形？
（出示虾饺照片）
生：它晶莹剔透，皮十分薄，里面透出虾的淡红色。
师：说得不错。（板书句子）
师：还有谁会说？
生：它肉很多，很有嚼劲，外形有点白，而且外面能看到里面透出的粉红色。
师：（板书句子）这两句话都有需要修改的地方，我们一起来改。先看第一句，这个"它"指的是？
生：虾饺。
师：（板书：将"它"修改为"虾饺"）继续修改。
生：应该说"虾饺的外皮晶莹剔透"。
师："外皮"用得不好。直接改成"虾饺的皮晶莹剔透"就可以了。

但是我想把"十分薄"保留，你说应该怎么修改？

生：薄薄的虾饺皮晶莹剔透。

师：改得好。虾饺的皮十分薄，薄到什么程度呢？晶莹剔透。明白了吗？介绍一样东西，通常先说它是怎么样的，然后再说自己的感受。先有见闻，然后才有感想。继续修改。

其实，写好虾饺的外形并不简单。朱老师以学生的初始表达为起点，在师生对话中时而提问、时而点拨，教会学生用词的准确，启发学生语序的安排，一步步引导学生规范、简洁的表达，带着学生经历一个炼词炼句的学习过程，这是一个发现问题、解决问题的过程，这是一个从写不好到写精彩的过程。教法即学法，这个过程对学生而言是很重要，很可贵的。

三、巧用范文，开放内容，让学生乐写

在命题作文指导上，老师们的困惑主要有两点：1.从范文到范文，方法单一。2.习作千篇一律，效果不佳。朱老师的范文教学很有想法。首先，在选取范文上注重写作视角的多样性。其次，在用好范文上引导学生比较与发现。从角度、详略、体裁等诸多方面开阔习作视角、开放习作内容，启发学生在读中发现，在选中比较，写中迁移。

《味道好极了》一课的教学设计步骤清晰，环环相扣，呈现了一个学习渐进的过程，很见教师功力。同时，朱煜老师给予学生一种情感、活动以及表达上的自由，让学生尽情尽兴地表达体验最深、最感兴趣、最想表达的内容和感受。在愉悦的情境中，学生学习方法，放飞思维，提升表达。

《引人入胜的书》课堂实录

《引人入胜的书》（第一版）

设计说明

　　《引人入胜的书》是一节五年级教材范围外的作文课。这堂课的主要任务是引导学生用添加语言描写的方法将一组漫画改写生动。对于五年级的孩子来说，写文章时加入语言描写不是新知识，但要真正将概念转变为能力，则需要通过扎实的言语实践活动才行。为此，我设计了以下教学环节：

　　（1）用一篇文言文和一篇学生改写的趣文，激发学生学习兴趣，并引导其感知语言描写的作用。

　　（2）引导学生观察趣文中的语言描写，复习语言描写的形式，以及用动作神态等描写充当提示语的知识。

　　（3）基于漫画素材用任务驱动的方式进行语言描写指导。指导分成三步走：

　　第一步，选择第一幅图，出示句式，引导学生想象语言。

　　第二步，把图中人物想象成自己和家人，再次想象语言。

　　第三步，学生自选一幅图，讨论交流语言描写。

　　教学要有效，一是教学目标要简明，"切口"要小，一堂课时间有限，目标过多，达成度就不会高；二要设计与之相匹配的教学环节。教学环节应该有多个步骤组成，或是"新授、练习、巩固、反馈"，或是由浅入深，坡度清晰。如此，教师才能实现细致指导，让学生从不会到会。有效的教学一定是有设计感的教学。因为精心设计出来的教学环节，能将教法与学法融合起来，能吸引住小学生，使其沉浸其中，体验收获。上述教学环节就是基于这些思考设计的。

课堂实录

第一板块：资料铺垫，激发兴趣

师：同学们，大家学过文言文吗？

生：学过《杨氏之子》。

师：先请大家看一则文言文，大家边看边听我读。（学生站着听）

鸭子捉兔

昔有人将猎而不识鹘，买一凫而去。原上兔起，掷之使击，凫不能飞，投于地。又再掷，又投于地。至三四。凫忽蹒跚而人语曰："我鸭也，杀而食之乃其分，奈何加我以抵掷之苦乎？"其人曰："我谓尔为鹘，可以猎兔耳。乃鸭耶？"凫举掌而示，笑以言曰："看我这脚手，可以搦得他兔否？"

【赏　析】

开门见山，不枝不蔓，高效自然。

师：只看懂一两句的同学可以坐下。（几个孩子坐下。）只有一两句看不懂的可以继续站着。（大部分孩子都坐了回去。）请大家把掌声送给这几位自信的同学。请一位同学回答，看懂了什么？

生：有一个人带着一只鸭子去抓兔子。在原野上，他看到一只兔子，就把鸭子扔出去，鸭子掉到地上。那人又扔了好几次，鸭子还是掉在地上。鸭子说："我是鸭子，把我吃掉才是正常的。为什么要把我扔来扔去。"那人说："我是要你抓兔子的，你怎么是鸭子？"鸭子举起脚说："你看我的脚，怎么能抓兔子？"

【赏　析】

榜样的力量是无穷的，许多时候，学生的示范作用比教师的讲解要有效的多。

师：真不容易，只是听老师读了一遍，就把这则文言文的大意了解得八九不离十了。有一个五年级的小学生，将这则文言文改写成了一个故事，我再为大家读一下。

鸭子捉兔

以前有个人想去打猎。出发前，他到集市上买鹘。可他不认识鹘。在一个小摊前他对小贩说："我要去打猎，帮我挑一只好一点的鹘。""好咧，亲！"小贩一边答应，一边心想，给他一只兔，他这么二，肯定不会发觉的。

那人兴高采烈地带着"鹘"去了郊外。突然一只兔子跳出草丛。"走你！"他扔出了"鹘"。可是可怜的小鸭怎么会飞呢？它"叽叽"一声掉落在地上。那人赶紧再扔，一次，两次，三次……小鸭实在 hold 不住了，叫道："我的天啊！我只是只小鸭，被人吃进肚子才是我该做的事。你扔什么扔啊？人家很痛的！""什么？"那人叫起来，"鸭子？可小贩说你是鹘啊，可以抓兔子啊，怎么会是鸭子呢？""啊？嘎嘎、嘎嘎……"小鸭举起了小脚，说："你看看我的脚脚，明显是游泳的料，怎么可能抓兔兔嘛！亲……""太过分了，回去我要给他一个差评！"那人愤愤地说。

师：刚才大家在听的时候，笑了，为什么笑？

生：因为文章里有很多网络语言。

师：这是网络上流行的"淘宝体"。知道淘宝网吗？

生：知道。

师：再请一位同学说——

生：语言里用了叠词，所以很好玩。

【赏　析】

本板块的教学既降低了学生对文言文理解的难度，又拉近了教师、文章与学生的距离，激发了学生的急于创作的欲望，并为学生自觉运用有趣生动的语言奠定了基础。可谓一石多鸟，妙趣横生。

第二板块：欣赏漫画，想象结局

师：用了叠词，句子显得很可爱。大家可以发现，在写一个故事时，加入有趣的语言，能让文章变得很生动。读有趣的文章让我们发笑，看漫画也会让我们发笑。（出示漫画书《父与子》的封面）

师：《父与子》的作者是德国人卜劳恩，二十世纪三十年代他在报纸上连载这组漫画。后来卜劳恩因为反对纳粹的统治被捕入狱，在被判死刑前自杀。《父与子》是世界上最伟大的漫画之一。今天老师选了一组给大家欣赏。（出示漫画《引人入胜的书》）这组漫画共有六幅，老师先给大家看四幅。请大家用一句话归纳第一幅图的图意。

生：妈妈发现儿子不在餐桌边，就叫爸爸去叫。

师：说得好。（将句子板书）第二幅图呢？

生：爸爸叫儿子……

师：叫儿子干什么？把话说完整。

生：爸爸叫儿子吃饭。

师：第三幅呢？

生：儿子走出房间，爸爸看起了那本书。

师：第四幅呢？

引人入胜的书

这是德国著名漫画家卜劳恩的漫画作品,相信你一定会非常喜欢。

生: 儿子到了餐桌边,妈妈发现爸爸又不见了。

师: 谁能说得更简练一些?

生: 等儿子来到餐桌边,爸爸又不见了。

师: 接下来,请大家猜猜最后两幅图的内容。

生1: 妈妈去叫爸爸吃饭,妈妈也被书吸引住了。

生2: 儿子去叫爸爸吃饭,结果儿子又看了起来。

生3: 儿子和妈妈一起去叫爸爸吃饭,后来他俩留在房间里看书,爸爸来吃饭了。

生4: 爸爸拿着书来到餐桌边,全家人一起看书。

……

师: 同学们的想象力真丰富,虽然结果各不相同,但都紧扣住了题目——《引人入胜的书》。

(出示原作,请学生欣赏,与自己想象的结果做比较。)

【赏　析】

　　根据漫画引导学生进行联想和想象，为故事的改写铺垫了合理的思路，又给学生思维的拓展以及语言的推敲留下了广阔的空间。

第三板块：细致指导，练写对话

　　（出示依据漫画写的小文章，请学生自读。）

引人入胜的书

　　该吃晚饭了，布朗太太端着香喷喷的晚饭放上餐桌。布朗先生也来到餐桌旁，可是小彼得却没有来。于是，布朗太太便让布朗先生去叫小彼得吃饭。

布朗先生走进小彼得的房间，发现小彼得正趴在地上看书，就叫他吃饭。小彼得只好依依不舍地走出房间。这时，布朗先生往地上的书上扫了一眼，立刻被吸引住了。小彼得已经开始吃饭了，可布朗先生却一直没有来。于是，布朗太太又叫小彼得去叫布朗先生。小彼得推门走进房间，惊奇地发现爸爸趴在地上看书，就跟他一起看了起来。

这真是一本引人入胜的书啊！

师：你喜欢看漫画还是喜欢看根据漫画改写的故事？

生1：我喜欢漫画。漫画没有一个字，但是表达的意思却很清晰。

生2：我也喜欢漫画。漫画能让我们产生很多联想。

生3：我觉得漫画比较生动。

师：这是因为漫画画出了人物的动作、神态。既然这样，我们能不能把这篇小文章修改得好玩一点呢，加入动作、神态，更重要的是加入漫画中没有的人物对白。修改之前，请大家再看一下那篇"淘宝体"的小文章。（出示《鸭子捉兔》）

师：观察文中红色的句子，你发现了什么？

生：我发现红色的句子是对话。

师：这些对话的形式一样吗？

生：不一样，作者用到了不同形式的提示语。

师：在写对话时，变化提示语的位置很重要。（出示PPT）请大家再观察，发现了什么？

生：红色的部分是人物的动作和想象。

师：这说明提示语可以由动作、神态、心理活动来充当，这样一组合，语言描写就更生动了。（出示PPT）请大家继续观察，发现了什么？

生：红色的部分全是和语言描写有关的句子。

师：是的。文章的大半部分都被红色占据了，说明描写对话是把文章写具体写生动的好办法。接下来请大家看第一幅图，图下有一句话：布朗太太便让布朗先生去叫小彼得吃饭。大家能否将它改成对话的形式？布朗太太会怎么说，布朗先生会如何回答？

【赏 析】

本部分教学有以下特色：1. 重点突出——"描写对话是把文章写具体写生动的好办法"；2. 依据充分，一目了然——"文章的大半部分都被红色占据了"；3. 主题鲜明——"布朗太太便让布朗先生去叫小彼得吃饭"；4. 任务具体——"改成对话的形式"，这样的教学语言可谓准确、简练、具体、得当，加上前面的范例引路，教学重点就化难为易了。

生：孩子他爸，快去叫儿子来吃饭。

师：布朗先生会如何回答？

生：好咧。

师：你直接说出了语言，谁能连上提示语一起说。

生：布朗太太对布朗先生说："儿子怎么还不来吃饭？快去叫他。"布朗先生说："好的，我这就去叫。"

师：这就是一组完整的对话。能不能像刚才第一位同学那样用上自己生活中的语言。（出示句式：妈妈对爸爸说＿＿＿＿＿＿。）

生：妈妈对爸爸说："哎呀，这孩子大概又在玩电脑，快去把他叫来吃饭。"爸爸回答："好的。"

师：这样的对话真是充满了生活气息。下面就请大家任意选一幅图，用对话的方式来介绍图意。

（学生写对话）

师：请几位同学交流。

生1：妈妈对儿子说："你爸怎么搞的，凭空消失了啊？快去叫他来吃饭。"儿子回答："我就去叫。"

生2："唉，又要吃饭了。这本书太精彩了，我真想看完再吃饭。"小彼得说着依依不舍地走出房间。布朗先生看了一眼地上的书，说："咦！这本书很有趣啊！"

师：这位同学写得真精彩，一上来就是语言描写，先声夺人。

生3：爸爸对儿子说："小祖宗，这都几点了，你妈妈都等急了，快去吃饭吧。"

师：写得真好。你和前一位同学写的是同一幅图，但是写法不一样，所以效果也不同。

下面请大家将这六幅图写成小故事，第一个要求是加入人物对话，让读者感受到有趣味。第二个要求是可以用第三人称写，也可以把自己放进故事来写。

【赏　析】

刚开始动笔，就选择学生的优秀范例进行即时点评，既有助于学生相互借鉴，又有利于唤醒学生的语言积累，还能引导同学们为自己的习作奠定一个良好的语言基调，可谓事半功倍。

（生写作）

第四板块：交流习作，点评提升

师：请三位同学交流习作。

生1：该吃晚饭了，妈妈端着香喷喷的饭菜说："老李同志，你去把小李同志叫出来吃饭。""好的，老婆大人。"爸爸走进我的房间，对我说："你就知道看书，立马去吃饭。""噢。"我回答，然后依依不舍地离开我的房间。爸爸看了一下我的书，不禁说："真是一本好书。"然后他就趴在地上看起来。妈妈见只有我一个人出来，说："你爸呢，快去叫他来吃饭。"我连忙走进房间对爸爸说："妈妈叫你吃饭。"于是，爸爸拿着书来到桌边，边吃边看。这真是一本引人入胜的书啊。

师：这位同学在故事中加入了很多对话描写，和原文完全不同了。她用第一人称写，使文章读来很亲切。她的故事结尾与漫画上的不同，写出了自己的想象。

（生2的回答略）

师：这位同学也写出了与原作不同的结局。儿子去叫爸爸吃饭，发现爸爸在看自己的书，于是就和爸爸一块儿看起来。真有趣。大家觉得这位同学的故事有什么优点？

生：她很有想象力。

生：她写得很细致。

师：大家在听别人交流习作时，要学会从写了什么和怎么写的两个角度评价习作的质量。

生3：一天晚上，布朗太太在准备晚饭，她看见只有布朗先生在餐桌边，就问："咱们的宝贝儿子在哪儿？怎么不出来吃饭？你去叫一叫吧。""好的。"布朗先生答应着。他走进房间，看见儿子在看书，说："妈妈命令你去吃饭，就现在。"小彼得依依不舍地走出房间。布朗先生扫了一眼地上的书，自言自语道："好像很好看啊。让我翻一翻。"说完，就看了起来。布朗太太见布朗先生一直在房间里，就说："儿子，快叫你爸来吃饭。"小彼得见父亲在看书，就凑上去一起看了。布朗太太见两个人都没有出来，只好自己去叫。走进房间，见两人都在看书，也看了起来。三个人异口同声地说："真是一本引人入胜的书啊。"

桌上的饭菜也很好奇，什么书这么好看？真想去看看，于是大叫："让我们也看看。"于是三个人就把书放在桌上，和饭菜们一同看。

师：这位同学的故事和其他同学有什么区别？

生：她把饭菜写成人了。

师：说得对。不过遗憾的是，这样精彩的结尾作者没有读好。下面老师来示范一下。（师范读最后一节）

（读完）哪位同学来表扬一下我？

生：您的朗读太生动了，我的眼前好像出现了一个画面——许多饭菜正津津有味地看着一本书。

师：谢谢你的表扬。可见，我们不光要写得好，还要读得好。今天我们用添加语言的方法把一个小故事改写得具体有趣，希望大家记住这个方法。

下课。

点评习作以真诚的鼓励为主，体现一课一得，重在发现优点，多就少改，让学生体验收获，同时适当引导，符合学生的认知规律，利于学生习作兴趣及自信心的培养，很值得倡导。

赏析者：张永强

《引人入胜的书》（第二版）

设计说明

本课第一版设计用了好几次，慢慢地，我发现描写对话对学生而言不是难点。学生真正容易忽略的是漫画中的小细节，还有前一幅画与后一幅画的内容之间没有必要的衔接。于是，就有了第二版设计。重点放在引导学生关注细节，写出书的引人入胜。同时，利用图示让学生体会到情节过渡要自然清晰，不能跳跃。

课堂实录

第一板块：介绍作者，理解图意

师：（出示《父与子》封面）上课之前，老师先给大家介绍这本书。看过的同学请举手。（很多学生举手）请把手放下。《父与子》是一部享誉世界的漫画作品。作者卜劳恩是德国优秀的漫画家。他的儿子出生后，他发现小朋友的日常生活太有意思了，就以此为素材，创作了很多漫画。这些漫画就像小型连环画，每个故事用几幅图呈现。

卜劳恩生活在希特勒掌权的时代。希特勒颁布了很多不可思议的法令，卜劳恩就画政治漫画批评他。我们知道希特勒是个大独裁者，他不能容忍这样的人在公开场合批评自己，就把卜劳恩抓进监狱，判处他死刑。在宣判前一天，卜劳恩选择自杀。去世的时候刚过四十岁。

（出示漫画）

师：这个故事由六幅图组成。先给大家看第一到第四幅。我想请几位同学用简练的话说一说这四幅图的图意。

生1：吃饭时，儿子不见了，母亲叫父亲去找儿子。父亲打开门，看见儿子趴在地上读书。父亲叫儿子去吃饭，结果自己被引人入胜的书迷住了。结果呢？父亲不见了。

师：基本讲清楚了。她还特地用到了题目中的一个词，是什么？

生：引人入胜。

师：什么叫"引人入胜"？

生2：就是可以把人带入书中的情境。

师：一下子把人吸引到书的内容里。再请同学试着说说看。

生3：妈妈做好了一桌晚饭，发现儿子不见了，就让爸爸去找。然后，爸爸打开门，发现儿子趴在地上看书。然后，就让儿子去吃饭，结果自己也被这引人入胜的书迷住了。然后，儿子回来之后，妈妈发现爸爸不见了。

师：讲得很好，掌声送给她，如果少用几个"然后"就更好了。

生4：一天，妈妈做了一桌好吃的饭菜，爸爸忍不住要吃，但是妈妈说，必须让儿子一起来吃。她让爸爸去找儿子。爸爸推开门，发现儿子趴在地上看一本漫画书。爸爸叫儿子回去吃饭。

师：回哪去呢？本来就在家里。

生4：爸爸叫儿子到餐厅吃饭，自己却被书迷住了。儿子来到餐厅，发现爸爸没有来。

师：讲得很清晰，还把图上的一些小细节说出来。比如，趴在地上，打开门。

第二板块：想象情节，比较原作

师：大家猜猜看，后面两幅图会画什么？

生1：妈妈去找爸爸，结果妈妈也被引人入胜的书给迷住了。

师：你牢牢抓住了题眼，讲得多么到位。

生2：妈妈让儿子去找爸爸，儿子打开房门看见爸爸也趴在地上，撑着脑袋读书。于是他凑过去，和爸爸肩并肩一起看书。结果妈妈发现父子俩都不见了。

师：他说是妈妈去找，你说是儿子去找，虽然找的人不同，但是都反映了这本书真是引人入胜。

生3：妈妈发现爸爸也不见了。

师：爸爸没有回到餐厅吃饭。这样说更好。

生3：妈妈发现爸爸没有回到餐厅吃饭，就让儿子和她一起去找。结果发现爸爸正趴在地板上看着一本书。最后他们一家三口一起趴在地板上看起了书，连饭都忘了吃了。

师：爸爸趴在地上看书，连妈妈和儿子去找他，他都没有发觉。从这样一个小细节感受到他真的被书吸引住了。讲得很好，我们来看一看，它的原作是怎样的。

（出示原作漫画）

师：听了同学们自己编的故事，再看看原作，你有什么想法？

生1：为什么不是儿子和妈妈一起去找？

师：这是情节方面的问题。

生2：漫画上只说了儿子去房间找爸爸，没有说爸爸和儿子到底有没有出来吃饭。

师：你觉得故事说得不够清楚，觉得原作不够理想，需要改进。

生3：我想知道为什么妈妈不自己去找爸爸，而是让儿子去找爸爸？

师：你对情节有质疑。

生4：我觉得作者可以写妈妈的感想是什么，然后结果是什么。

师：厉害啊！你已经进入作文状态了，已经在想象主人公的想法了。你们知道画漫画的时候，为了表达人物说的话或者想法，用什么方式来表达吗？

生 5：应该在主人公头上圈出一个小圆圈，里面写出一个想法。如果是说话，应该从嘴巴旁边伸出一个小圆圈，在里面写上说的内容。

师：你很有研究啊。

第三板块：发现细节，写出关联

师：同学们提出了一些质疑，不过在原作里，还是有很多值得我们学习的地方，一些很小很小的细节，非常好，同学们能发现吗？你们觉得哪些地方是值得我们在写作文的时候可以借鉴的？

生 1：我发现第一幅图和第四幅图中的饭还冒着烟，说明饭还是热的。第五幅图上不冒烟了，意思是饭已经凉掉了。

师：你真会发现。不过这不叫烟，叫热气。同学们再仔细看一下，这两股热气有区别吗？

生 2：有，一个拐弯多一点。

生 3：一个热气多一点，说明菜刚刚烧好，但是到了后面，热气少了，说明饭有一点凉掉了。

师：可见这本书真是引人入胜啊！

（出示例文）

该吃晚饭了，布朗太太端着香喷喷的晚饭放上餐桌。可是小彼得却没有来。于是，布朗太太便让布朗先生去叫小彼得吃饭。

小彼得正卧在地上看书，布朗先生叫他吃饭。

小彼得走出房间。

小彼得开始吃饭了，可布朗先生却一直没有来。于是，布朗太太又叫小彼得去叫布朗先生。

师：一个同学把四幅图写成一段话，这段话有什么问题？

生 1：他没有把小彼得和布朗先生看书时的动作和情感写具体。

师：看书还有情感？

生1：想法。

师：难怪不具体。

生2：作者没有写推开门。

师：为什么一定要写爸爸推开门呢？

生2：因为这样可以详细一点。

师：可以详细一点，让别人了解得清楚一些。

生3：我觉得很多细节都没有写出来。

师：举一个例子。

生3：比如第一幅图，菜很热的，到了最后饭都凉了。这些他都没有写。

师：最好前面写写饭菜，后面再写写饭菜，写出它们前后的不同，体现这是一本引人入胜的书。

生4：可以写一下小彼得走出房间的心情。

师：除了写小彼得之外，你觉得还可以写什么？

生4：还可以写布朗先生怎么叫他吃饭，把他的动作和语言写出来。

师：我们在描写漫画上的情景时，一定要写得细致一些。

（出示图片）

引人入胜的书

　　这是德国著名漫画家卜劳恩的漫画作品，相信你一定会非常喜欢。

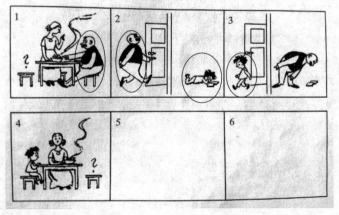

师：同学们，先看一下老师在漫画上加的圆圈，然后再想一想，刚才那段话里除了缺少细节，还少了什么？

（学生一时说不出）

师：大家看，第一幅图里有爸爸，到第二幅图里紧接着也有爸爸，第二幅图里有儿子，紧接着第三幅图里也有儿子。其实，画家在暗示我们，他画画的时候，考虑到第一幅图到第二幅图之间应该——

生：相连。

师：对呀，用相同的人物可以连接画面。可是小作者连接了吗？

生：没有连。

师：我们来帮助这位同学修改一下，在图与图之间建立连接。第一幅和第二幅怎么连？第一自然段最后一句话我来念，然后请你来加一句连接语。

师：于是布朗太太便让布朗先生去叫小彼得吃饭。

生1：布朗先生推开门走进房间，看见小彼得正趴在地上看书。

师：我再请一位同学连第二小节、第三小节。

师：小彼得趴在地上看书，布朗先生叫他去吃饭。

生2：小彼得垂头丧气地走出了房间，可是爸爸却没有一起走出房间，反倒望了这本书一眼。

师：不是"反倒"，是爸爸没有走出房间，是"低头"。

生2：他低头看了这本书一眼。

师：连起来了。谁愿意再来试一试？

（小彼得正趴在地上看书，布朗先生叫他去吃饭。）

生3：小彼得听了，依依不舍地走出了房间，而爸爸却留在了房间，看了一眼儿子留在地上的书，忍不住继续看起来。

师：掌声送给他。要想写好几幅图构成的小故事，一定要用句子把图与图连起来。不然，读者读了故事，就会有情节跳跃的感觉。刚才，我们还提到写出细节很重要。现在你能从漫画中再找出一些细节吗？

生1：我发现第一幅图爸爸是指着那个饭菜，像是想要快点吃的样子。

生2：我觉得爸爸是指着对面的座位说小彼得去哪儿了。

师：因为爸爸问了。

生3：妈妈才会叫爸爸去找小彼得。

师：好，接下来就请大家把第一幅图写清楚、写具体。

第四板块：习作练习，交流修改

（学生习作）

师：下面开始交流。

生1：一天，布朗太太做了一桌美味的晚餐，可儿子却没有出现。布朗先生指着儿子的座位问道："小彼得去哪儿了？"布朗太太回答道："我也不知道啊，你去找找他吧。"

师：到哪里去找呢？最好能说出来。

生1：布朗太太回答道："我也不知道啊，你去房间找找他呀。"

师：这就和后面连起来了。

生2：爸爸指了指对面空着的座位……

师：不要着急。吃晚饭的时间到了——

生2：吃晚饭的时间到了，爸爸指着旁边的空座位，疑惑地问小彼得去哪儿了。妈妈回答道："他在房间里，你去找他吧。晚饭是我好不容易做出来的，缺了人可不行。"

师：晚餐好不容易做出来，必须一起吃。

接下来，就请大家根据刚才说过的要求，继续写第二、第三、第四幅图。

（学生习作）

师：下面开始交流，大家除了要听连接句，还要听细节描写中是否写得"引人入胜"。

生1：吃晚饭的时间到了，布朗女士把热乎乎的饭菜端到桌子上。有冒着热气的红烧肉，香喷喷的番茄蛋汤，还有水果色拉。父亲惊奇地指着儿子的空座位问："咦，儿子怎么没来？这都是他最爱吃的菜啊！"母亲说："他在房间里吧！"随即，父亲离开了座位，向儿子的房间走去。他刚打开门，只见儿子趴在地上，翘着两条腿，用手撑着脑袋，看着一本书，还不时发出嘻嘻的笑声，丝毫没有发现父亲站在自己身旁……

师：同学们，后边他还没有完全写完。听到这里，你们听到引人入胜了吗？

生1：儿子丝毫没有发现父亲进房间，说明书引人入胜。

生2：儿子看书的时候用手撑着脑袋，趴在地下，腿翘着，很自然的，而且嘴里发出嘻嘻哈哈的笑声。这说明书引人入胜。

生3：如果他不是很仔细地看书，就不会发笑。

师：是呀，正因为看得仔细，才被吸引。正因为被吸引，才发出笑声，说明那真的是一本引人入胜的书。再请一位同学交流，看看有没有注意图与图之间的联系。

生4：一天，布朗太太做了一桌美味的晚餐，可儿子却没有出现。布朗先生指着儿子的座位问道："小彼得去哪儿了？"布朗太太回答道："我也不知道啊。你去房间找找他吧！"父亲打开门，发现小彼得正在看书，生气地说："现在是吃晚饭的时间，你怎么还在这里看书，还不快去吃饭！"儿子垂头丧气地离开了房间。父亲想，什么书能让儿子连最喜欢的红烧肉都不想去吃呢？于是就瞥了一眼儿子留下的书，没想到竟然情不自禁地看了起来。儿子回到餐厅，刚才热气腾腾的饭菜已经有点凉了……

师：他还没有写完，不要紧，我们回忆一下，你刚才听到前后的连接了吗？

生5：前面他说母亲让父亲去找小彼得，然后写父亲先推开门，这是有关系的。

师：还要补充吗？

生6：后面是小彼得依依不舍地走出了房间……

师：紧接着，就写小彼得怎样？

生6：小彼得坐到了座位上。

师：这就让别人看到动作是连接在一起的，不是跳跃的，对不对？掌声再次送给这两位同学。

今天我们讲了如何抓住细节，如何连接情节。希望大家回家后，把这篇故事写完。

　　下课。

《介绍一种事物》课堂实录

这是统编教材五年级第一学期中的作文题。该题所在单元是习作单元，通过两篇精读课文《太阳》《松鼠》以及两篇习作例文，学习了常用的说明方法，学习了说明文中平实和活泼两种语言风格。作文题要求学生使用恰当的说明方法，搜集资料，分段介绍，把事物的主要特点写清楚。教材里还为学生提供部分素材，供其选用。

搜集资料，选择合适的材料，有条理地介绍事物，是本课重点。为此，我先引导学生复习精读课中的学习内容，然后用介绍食物和动物的例子，让学生巩固从各个方面介绍事物特点的方法。接着用两个语段，让学生操练如何妥当地使用资料。最后，先列提纲再写作。

课堂实录

第一板块：复习旧知，引出新课

师：前一段时间，我们学了《太阳》《松鼠》，那都是带有说明性质的文章。《太阳》是一篇典型的说明文，《松鼠》是一篇文艺性的说明文，写得很生动。从这两篇文章里，你得到了哪些收获？

生：我从《太阳》这篇文章中知道了有哪些说明方法和这些说明方法

的作用。

师：从《太阳》那篇文章里知道了说明方法以及说明方法的作用。这太重要了！单单知道说明方法是没有用的，只有知道它好在哪里，我们才能在自己写作文的时候自然而然地用到。

生：我从这两篇课文里知道了哪些说明文章可以用平实的语言，哪些说明文章应该写得生动一点。

师：你觉得怎样的文章用平实的语言表达？怎样的文章用生动的语言表达？

生：比如说某某的自述应该用生动的语言。

师：我读到过最奇特的自述——"洗手液的自述"。你能想到吗？想不到吧！

生：从《松鼠》这篇文章中，我知道了松鼠的一些习性。

师：因为说明方法用得巧，因为语言风格用得恰当，所以我们一读，就可以得到很多信息与知识。

生：从《太阳》这篇文章中，我了解到太阳很重要，对我们人类的生活很重要。

师：刚才我们主要从两个角度来谈收获。第一个角度是那篇文章的内容给了我们怎么样的感受，第二个角度是说明方法。

第二板块：举例讨论，梳理写法

（出示图片，见下页第一张图。）

师：教材编写者为我们提供了一些素材，并制成一张表格。如果让我选，我一定先选美食。不单单老师自己喜欢写美食，我教过的每一届学生都很喜欢写美食。有一个学生写过这种食物。

（出示图片，见下页第二张图。）

如果选择一种你了解并感兴趣的事物介绍给别人，你打算介绍什么？下面表格中的提示和题目是否对你有启发？

与动物有关	恐龙	袋鼠的自述	动物的尾巴
与植物有关	菊花	热带植物大观园	种子的旅行
与物品有关	灯	扫地机器人	溜溜球的玩法
与美食有关	涮羊肉	怎样泡酸菜	我的美食地图
其他感兴趣的内容	火星的秘密	草原旅游指南	中国传统吉祥物

可以选择表格中的题目，也可以自拟题目，介绍一种事物。

写之前，细致观察要写的事物，并搜集相关资料，进一步了解这个事物，想清楚从哪几方面来介绍。

师：（读范文）我看着碗里的虾饺。它晶莹剔透，皮很薄，有一点发白，（透过饺皮我们）能清晰地看到里面粉红色的虾肉。闻一闻，啊，一点儿也不腥。于是，我咬了一口，真是鲜美。馅儿里的虾不是碎的，而是一整只大虾，还有弹性呢！馅儿里面还有笋丁，真好吃。

师：你听到什么了？

生：虾饺的皮晶莹剔透。

师：这是外形。

生：馅儿里有一整只大虾。

生：我听到了虾饺没有一点儿腥气。

师：这是气味。

生：虾饺的皮是发白的。

师：这是颜色。同学们，如果要介绍一种美食，就要抓住它的不同方面的特点来写。对刚才那段话，你有修改建议吗？

生：可以多写自己的感受。

生：外形可以写得更加明确一点，精细一点。

生：可以写虾饺的温度。

师：刚端上来的时候，虾饺是有温度的，说不定还冒着热气。

生：还可以写虾饺的制作过程。

生：可以查资料，介绍虾饺的历史。

师：大家说得很好。在三四年级时，我们也介绍过食物，到了五年级再介绍食物，就要写出更高的水平。通过查询资料，找到更多的素材，把食物介绍得更详细。除了美食，我肯定还会写宠物。你们知道我会写什么吗？

生：布丁。

师：（播放小猫照片）对。我当然要写写我的布丁。它是一只特别喜欢待在书堆里的猫。书房的角落里有很多书，它就躲藏在里面，做出各种各样的动作。有时候它会站到书堆上，快要接近天花板了，它俯视着我，看看我在做什么。有的时候，它很调皮。今天早上，他把爪子伸到被窝里把我挠醒。（众笑）如果我要介绍的事物是一只小猫，你有什么建议？

生：可以写一写它的活动情况。

生：可以写它的外形和颜色。

生：可以写布丁与主人的互动。

生：可以写一写布丁的来历。

生：可以写一个非常重要的事件。

生：可以写出对小猫的喜爱之情。

师：谢谢大家的建议。看来介绍一个小动物也是从不同角度来写。不过，这么多素材，我要先想一想，写哪些方面可以将布丁的可爱表现得最清晰。

第三板块：运用资料，介绍事物

师：刚才我们讨论了食物和动物的介绍方法。现在看看植物如何介绍。

（出示文段）

菊花盛开，清香四溢。其瓣如丝，如爪。其色或黄、或白、或赭、或红，种类繁多。性耐寒，严霜既降，百花零落，惟菊独盛。

师：古人要介绍一种事物，也是分成各个方面的。你能从文中看出哪些方面？

生：有菊花的香味。

生：有菊花的颜色。

生：有菊花的花瓣。

师：花瓣的形状。

生：菊花的特点。

师：什么特点？

生：菊花耐寒，严霜既降，只有菊花盛开。

师：这是它的习性，以及人们赋予它的一种精神。刚才，我们说到介绍一种事物时可以运用资料，怎么用呢？请大家拿出学习单。

学习单

请从下面的资料中选出合适的内容，添加到文段中。

资料：

菊花别名黄花，属菊科，是宿根花卉。品种很多，如果按时间分可以分成早菊（9—10月开花）、秋菊（11月开花）、晚菊（12月开花），此外还有五月菊、七月菊、八月菊等。

菊花喜阳耐寒，适合生长在肥沃深厚、排水良好的沙质土壤中。怕积水，每年要重新分株和扦插繁殖，否则开的花就越来越小。

我国是菊花的故乡，种植历史相当悠久，早在三千多年前就有相关记载。许多文人雅士曾写下赞颂菊花的诗句。

盆养菊花浇水要适时适量。高温干旱时，每天浇水两次，清晨一次一定要浇足。天阴土湿时就少浇。

文段：

菊花盛开的时候，香气四处飘溢。它的花瓣呈丝状或是爪状。它的颜色有黄、白、赭、红等，种类很多。它天生不怕寒冷，严霜来临的时候，其他的花都凋零了，只有菊花开得最为茂盛。

师：老师已经把刚才那段古文翻译成了白话文，印在了学习单上。现在你可以从资料里选择一段话，或者一句话，或者一个词，添加到下面的这段文段里去。要注意语句通顺流畅。大家可以直接用修改符号在学习单上标注。

（学生练习）

师：资料的语言风格是平实的，文段的语言风格是活泼的，将它们连接在一起，不容易哦。下面开始交流。

生：我国是菊花的故乡，菊花别名黄花，属菊科，菊花喜阳耐寒，适合生长在肥沃深厚、排水良好的沙质土壤中。菊花盛开的时候，香气四处飘溢。它的花瓣呈丝状或是爪状。菊花品种很多，如果按时间分可以分成早菊（9—10月开花）、秋菊（11月开花）、晚菊（12月开花），此外还有五月菊、七月菊、八月菊等。它的颜色有黄、白、赭、红等，种类很多。它天生不怕寒冷，严霜来临的时候，其他的花都凋零了，只有菊花开得最为茂盛。

师：你们听出不通的地方了吗？（听不出）我也听不出。这位同学把材料分散用到各处，用得非常好，语句很流畅。

生：菊花别名黄花，属菊科，是宿根花卉。品种很多，如果按时间分可以分成早菊（9—10月开花）、秋菊（11月开花）、晚菊（12月开花），此外还有五月菊、七月菊、八月菊等。菊花盛开的时候，香气四处飘溢。它的花瓣呈丝状或是爪状。它的颜色有黄、白、赭、红等，种类很多。菊花喜阳耐寒，适合生长在肥沃深厚、排水良好的沙质土壤中。我国是菊花的故乡，种植历史相当悠久，早在三千多年前就有相关记载。许多文人雅士曾写下赞颂菊花的诗句。严霜来临的时候，其他的花都凋零了，只有菊花开得最为茂盛。

师：也非常棒。

生：我国是菊花的故乡，菊花盛开的时候，香气四处飘溢。它的花瓣呈丝状或是爪状。它的颜色有黄、白、赭、红等，种类很多。它适合生长在肥沃深厚、排水良好的沙质土壤中。它天生不怕寒冷，严霜来临的时候，其他的花都凋零了，只有菊花开得最为茂盛。

师：前面两位同学加了句子、句段，他加的是词语，而且加得很不错！

在使用材料时，要特别注意前后语义一致。（出示资料）

大熊猫属于食肉目、熊科、大熊猫亚科和大熊猫属唯一的哺乳动物，头躯长 1.2～1.8 米，尾长 10～12 厘米，体重 80～120 千克，最重可达 180 千克，体色为黑白两色。大熊猫现存的主要栖息地是中国四川、陕西和甘肃的山区。

大熊猫已在地球上生存了至少 800 万年，被誉为"活化石"和"中国国宝"。据第三次全国大熊猫野外种群调查，全世界野生大熊猫不足 1600 只，属于中国国家一级保护动物。大熊猫最初是吃肉的，经过进化，现在 99% 的食物都是竹子了，但牙齿和消化道还保持原样。野外大熊猫的寿命为 18～20 岁，圈养状态下可以超过 30 岁。

大熊猫是世界上最可爱的动物之一。

师：请读一读这段话，找一找里面的问题。

生：最后一个自然段中说"大熊猫是世界上最可爱的动物之一"，但是在我看来，上面两个自然段并没有说到大熊猫的可爱之处。

师：所以，它的总结句是错的。因为这句总结句，无法涵盖上面的两个自然段。我们在运用资料的时候，不要写着写着，抄着抄着，就忘了自己要写的中心意思。

第四板块：列出提纲，练写片段

师：大家在课前已经思考过要介绍什么事物，现在分享一下。

生：我打算写乌龟。

生：我想写我的美食地图，因为我很喜欢美食。

生：我想写小动物的尾巴。

师：那你要介绍好几种动物，是吗？

生：是的。

生：我想写恐龙。

师：恐龙，是生活中见不到的。你得先找资料，然后结合自己的想象去写。

生：我想写种子的旅行。

师：大家的想法各不相同，很好。现在，请大家列一个写作提纲。

（学生列提纲，写好后交流。）

生：我想介绍吉他。

师：我觉得乐器很难介绍……

生：我先介绍吉他的历史，再介绍吉他的变化过程，然后介绍吉他的构成，最后说一说我的吉他。

师：可以的。

生：我介绍动物的尾巴，第一自然段用武松打虎的故事开头。

师：这有点像《太阳》。

生：写出了老虎的尾巴非常厉害。

师：用一个故事开头吸引读者。

生：然后第二自然段写长颈鹿、蜥蜴和壁虎的尾巴。第三自然段写结尾：动物的尾巴作用很大，能帮助他们更好地生活。

师：这个结尾不错。

生：我先用龟兔赛跑的故事引入；第二自然段写的是外形，介绍乌龟的头部、背上的壳；第三自然段介绍生活习性；第四自然段结尾。

师：现在请大家从提纲中选一个部分写下来。

（学生习作，然后交流。交流中，通过生生互评，强调说明方法的使用是否恰当。）

师：今天我们学习了怎样介绍一种事物，大家的思路非常开阔，找到了各种各样的材料，能从各种各样的角度去写，很好！我们在介绍事物的时候，要根据事物特点选择合适的说明方法、语言风格。有些事物还可以通过一些事例去介绍，但是记得不要把事例写得太长，不要喧宾夺主。

下课。

《已死的母熊》课堂实录

设计说明

这是一堂五年级教材范围外的作文课。

上作文课，教师需要面对的问题不外乎三个：如何让学生想写？如何让学生知道写什么？如何让学生知道怎么写？

如何让学生想写？导入部分，我先朗读了屠格涅夫的散文《麻雀》，其主旨和《已死的母熊》相似。在表达形式上，屠格涅夫干净简练的文字、传神的细节描写给予学生隐性的写作暗示，为学生后来进行作文练习做了榜样铺垫。在情感生发上，《麻雀》和《已死的母熊》都有一个共同点，让学生感受到"护子、爱子之心"，动物也存在伟大的母爱，从而使情感脉络一以贯之。在人物关联性上，《已死的母熊》的作者丰子恺先生正是第一个把屠格涅夫的《猎人笔记》翻译、介绍到中国的作家，他们彼此之间有着密切的联系。作为人道主义者的屠格涅夫和作为佛教徒的丰子恺先生在精神上是有相同之处的，他们都同情弱者，都对生灵充满仁慈和关爱，包括动物乃至植物。所以，将屠格涅夫的散文《麻雀》导入课堂，无论是从作品本身的外在连接还是作家精神世界的内在联系，都是自然生发，水到渠成的。接着，我对屠格涅夫和丰子恺先生做了简单的介绍。这为学生在课外进一步了解这两位作家做了信息的铺垫和拓展，如有兴趣，可去买书、可去寻访，这也是最本质的能写好作文的关键，读万卷书，行万里路，由此，学生不仅想写，还会想读。在介绍《已死的母熊》这幅漫画之前，我让学生欣赏了丰子恺先生的多幅漫画作品。一方面，这几幅漫画基本取材于孩子的生活，充满儿童的纯真情趣，与孩子的成长经验有相似之处，一下子就激发了孩子的兴趣和共鸣，吸引他们去认真观察。另一方面，通过学生对这几幅漫画的观察反馈，熟悉丰子恺先生的漫画风格，自然引出如何观察漫画画面的方法——细节观察，为后面观察《已死的母熊》提供了方法，从孩子的情绪、心理和认知基础上都打下了良好的基础。在这样宽松、自由、有趣的氛围中，孩子怎么会害怕写？

如何让学生知道写什么？我用几个问题来帮助孩子理清可写的内容。

问题一：仔细观察一下这个画面，你看到了什么？

问题二：你觉得哪些部分一定要重点写出来？

问题三：这些内容是文章的主要内容，或者是这个故事的主要内容的话，既然有主要内容，就还应该有什么和它相对的，在这幅画面上，你能找出次要内容吗？

问题四：写了那么多，有点乱。我们分一分类，你觉得哪些内容可以归并在一起？整个过程环环相扣，设置坡度，帮助学生完成习作。

如何让学生知道怎么写？关键是要重视学生的写作实践。课上，我提供了两次学生当场写作实践的机会。第一次，我让学生自选三个部分中的任何一个来写片段。这个过程可以检验学生对前面课堂中表达形式的理解程度及现有的写作能力，为后续教学策略的调整提供现实依据。从学生角度来说，可以尝试新学的写作方法，迁移、运用感知的经验。而组织学生进行现场交流和互相批改，则使个体的文字成为对话的媒介，让学生相互借鉴、取长补短。在课末，我又进一步提出要求，可尝试用第一人称来写完整故事。当学生在自己的文字里去做一头母熊、小熊或者猎人时，他所想象、感受、体验到的爱和尊重发自内心，在人物形象丰满的同时，他对爱的体悟也就更加清晰、完整，并在潜移默化中丰富和发展他的心灵。可以说，作文创作的过程，就是人的生命滋润和升华的过程。最后我在黑板上写出四个大字"敬畏生命"，使学生不仅仅停留在对母爱的歌颂，而是知道要尊重每一个生命。

第一板块：导入例文，欣赏漫画

师：同学们，上课前我听见大家在唱《欢乐颂》，你们唱得很好。你们能用一个词语来概括自己对这首歌的感受吗？

生：欢乐。

生：圣洁。

生：温柔。

生：爱。

师：你们说得都很好，因为你们在用心唱，所以就能体会到歌曲背后的东西。我的感受和最后一位同学相同——我从大家的歌声中体会到了爱。很巧，今天我们要上的课就是与爱有关的。

请大家打开桌上的讲义，允许我为大家读一读讲义上的文章。（师读俄国作家屠格涅夫的散文诗《麻雀》）

麻　雀

我打猎回来，走在花园的林荫路上。狗在我面前奔跑。

忽然它缩小了脚步，开始悄悄地走，好像嗅到了前面的野物。

我顺着林荫路望去，看见一只小麻雀，嘴角嫩黄，头顶上有些茸毛。它从窝里跌下来（风在猛烈地摇着路边的白桦树），一动不动地坐着，无望地叉开两只刚刚长出来的小翅膀。

我的狗正慢慢地向它走近，突然间，从近旁的一棵树上，一只黑胸脯的老麻雀像块石头样一飞而下，落在狗鼻子尖的前面——全身羽毛竖起，完全变了形状，绝望又可怜地尖叫着，一连两次扑向那张牙齿锐利的、张大的狗嘴。

它是冲下来救护的，它用身体掩护着自己的幼儿……然而它那整个小小的身体在恐惧中颤抖着，小小的叫声变得蛮勇而嘶哑，它兀立不动，它在自我牺牲!

一只狗在它看来该是多么庞大的怪物啊! 尽管如此, 它不能安栖在高高的、毫无危险的枝头……一种力量, 比它的意志更强大的力量, 把它从那上边催促下来。

我的特列索尔停住了, 后退了……显然, 连它也认识到了这种力量。

我急忙唤住惊惶的狗——肃然起敬地走开。

是的, 请别发笑。我对那只小小的、英雄般的鸟儿, 对它的爱的冲动肃然起敬。

爱, 我想, 比死和死的恐惧更强大。只是靠了它, 只是靠了爱, 生命才得以维持、得以发展啊。

师: 听了我的朗读, 你觉得作者想要告诉我们什么?

生: 我觉得作者想要告诉我们, 母爱是伟大的。

生: 作者想要告诉我们, 为了保护自己的孩子, 母亲会勇敢地牺牲自己。

生: 作者想说, 动物也是有母爱的。

师: 大家说得很好。知道这篇文章的作者吗?

(学生都摇头)

师: 好, 那么让我来告诉大家。作者是十九世纪的俄国作家屠格涅夫。(出示屠格涅夫的照片)

他和同时代的托尔斯泰、陀思妥耶夫斯基合称俄国文坛"三巨头"。他们为世界文学宝库留下了极其优秀的文学作品。屠格涅夫一生写了六部长篇小说以及大量的散文。他的《猎人笔记》曾经对我产生很大的影响。我读的是丰子恺先生的译本。（出示丰子恺先生照片和《猎人笔记》书影）

丰先生在年纪很大的时候自学了俄语，翻译了这本书。他也是文学家、画家。丰先生的漫画有很多都是以儿童作主题，请大家欣赏。看，当年乡村小学里的孩子们上音乐课的情境。那时的条件很简陋，老师没有钢琴伴奏，只有二胡。丰先生常常把自己的孩子画入漫画。一个孩子拿两把蒲扇当自行车的轮子。一群孩子在打打闹闹，让星期天变成妈妈的烦恼日。

他还经常将古诗词画成画。（课件欣赏）

这里画的是南宋词人蒋捷的词：流光容易把人抛，红了樱桃绿了芭蕉。桌上有一盘樱桃，窗外芭蕉已经碧绿。一支香烟被点燃，烟直直地冒着。时间就在这样的静谧中悄悄溜走了。

第二板块：观察漫画，讨论内容

（出示漫画《已死的母熊》）

师：今天请大家着重看这一幅画。这幅画选自丰先生的《护生画集》。丰先生用了四十六年才完成这本画集。请大家仔细看画，观察图上画了什么。

生：图上画了一只母熊和三只小熊。

生：图上画了一个猎人把母熊打死了，而母熊还托着石头保护小熊。

生：我怎么觉得那不是小熊，而是小羊啊？

师：请你再仔细看图。

生：我看懂了。一只母熊带着三只小熊在河边喝水。一个猎人向它们射击，母熊为了保护小熊中弹了。

师：你真聪明，竟然看着图就能说出一个感人的故事。请大家再思考，作者想通过图告诉我们什么？

生：作者想告诉我们，母熊也有着伟大的母爱。

生：作者想说，我们应该保护动物。

生：我猜作者想告诉我们，母熊是很爱她的孩子们的。

生：我觉得，动物的生命也是很宝贵的。我们要敬畏生命。

师：你们说得太好了。（板书：敬畏生命）是的，我们要学会敬畏生命，动物的生命也是宝贵的。如果请你把这幅画改写成一个小故事，你觉得哪些内容是一定要写的？

生：母熊中弹的过程一定要写。

生：母熊怎样保护小熊的，这个内容一定要写。

生：我觉得母熊中弹以后的情况也要写。

师：除了这些，还有其他的吗？请大家再仔细看图。

生：我觉得还可以写当时的环境。

师：为什么要写环境呢？

生：因为介绍一下环境可以使故事更加有意思。

师：你的主意真不错。

生：我觉得可以写写母熊为什么会带孩子出来。

（教师将学生提到的内容板书在黑板上）

师：我忽然发现，刚才同学们说到的有些内容有些重复，可以合并在一起。（指导学生将板书进行整理归类，最终将板书整理成三个部分，即起因、经过、结果。）

师：如果让你选择，你会选哪个部分来写？

（学生交流选择结果）

第三板块：习作练习，拓展提升

师：请大家在笔记本上将自己选择的内容写下来。

（学生习作）

师：接下来我请三位同学上台来交流自己的习作？

（邀请三位同学上台）

师：这三位同学分别写了这个故事的第一、第二、第三部分。因为彼此都不知道写了些什么，所以第二、第三位同学在交流的时候要根据前面同学的习作修改自己的习作。这样才能配合好。相信你们一定会做得很好。

生：一个阳光明媚的早晨，母熊和小熊出来觅食，他们来到一条小河边，河水十分清澈，小熊在小河里高兴地嬉戏着。

生：突然，母熊那灵敏的耳朵感觉到了危险，一个猎人正举起枪对准小熊。母熊发现了，就举起身边的一块石头，让小熊们躲在下面。只听"嘭"的一声枪响，母熊中弹了，但它还是举着石头。

生：小熊得救了，母熊却死了。小熊们悲痛欲绝，围着母熊哭起来。猎人看见了这一幕，后悔极了。他发誓再也不打猎了。

（交流中教师帮助学生调整语句）

师：谢谢你们。虽然是初次合作，但是你们配合得十分默契。特别是后面的两个同学，其实他们一边读一边在修改，你们的故事十分感人。猎人的后悔是因为他感受到了强大的母爱啊。

（再请三位同学交流，内容略。）

师：刚才我偶然发现，在一位同学的习作中，母熊说话了，故事一下子生动起来。

生：他是用了拟人化的方法。

师：对啊。刚才交流的同学都用了同一种人称——第三人称。请大家思考一下，如果你是母熊，如果你是小熊，如果你是猎人，这个故事应该怎样写呢？

请大家选择自己喜欢的表达角度，将这个故事完整地写下来。

（学生习作）

师：谁愿意为大家交流一下自己的习作？

生：《已死的母熊》。

今天，天气晴朗极了。在我和兄弟姐妹的央求下，妈妈终于答应带我们下山去玩。

我们下了山，只见在嫩绿的草坪上朵朵鲜花露出了美丽的脸颊，小鸟在枝头唱着晨光的歌。一条清澈的小河用它的水波来伴舞，我们从来没有见过这样的美景。

我们玩累了，来到小河边喝水。这时一个猎人发现了我们，趁妈妈不注意，向她开了两枪。妈妈受伤了，可是这时，山上又落下一块大石头，滚向我们。幼小的我们怎么能承受这样大的石头！就在这危急万分的时刻，妈妈用手抱住了石头，抱了很久，她不能让石头砸到我们。这时，猎人又开枪了，击中了妈妈的头部。妈妈的眼睛闭上了，鲜血不停地流了下来，可她依然抱着那块大石头。

猎人见到这一幕，惊呆了。他手一松，猎枪掉在了地上。他呆呆地看着妈妈，周围安静极了。只听见溪水在唱歌，那是生命的赞歌啊！渐渐的，猎人的眼眶湿润了，他后悔刚才打死了我们的妈妈，他拿起猎枪，将它扔进河里，决心再也不打猎了。猎人走到我们跟前，抱起我们。他要抚养我们长大。

（其他学生交流，内容略。）

（出示原文）

猎人入山，以枪击母熊，中要害，端坐不倒。近视之，熊死，足抱巨石，石下溪中有小熊三，戏于水。所以死而不倒者，正恐石落伤其子也。猎人感动，遂终身不复猎。

师：请大家读一读原文，有读不懂的地方吗？

生："近视之"是什么意思？

师：谁能解释？

生：就是走近一看。

师：很好。部分同学设想的结局与原文一模一样。当然，老师也很愿意看到不一样的结尾。刚才听了几位同学的交流，我很感动。虽然他们选择的人称不同，但是他们都表达了对生命的珍视，表达了母爱的伟大，表达对人与自然和谐相处的期待。同学们，让我们一起敬畏生命吧，因为生命是最宝贵的；让我们一起学会爱吧，因为有了爱生活才能变得美好。让我们怀着爱，一起再唱一遍《欢乐颂》吧。

（学生再唱《欢乐颂》，唱毕，下课。）

附

让孩子倾诉出纯情

商友敬

所有的语文老师都为出作文题而犯愁，而能否想出一个好作文题也成了写作课成败的关键。那么，怎样的作文题才是好作文题呢？我以为这里可以分三个层次。

第一个层次是：学生看到题目，想一想，觉得"能写"，也就是能够组织一段文字来表达自己心里的意思。当然，这个题目是自己熟悉的，思考起来轻车熟路，并不困难，因而写的时候也能文从字顺，毫无艰涩之感。

第二个层次是：学生看到题目，想一想，触发了情感，有点儿共鸣，因而有写作的冲动，"要写"。这是一个极好的契机，他会很快地写出来。尽管不成熟，稚嫩，顾头不顾尾，甚至词不达意，但是他的命意是很明显的，那就有修改的基础。老师不必急于评定等第、打分，先要帮助他琢磨修改，意思更加显豁，文字更加妥帖，那就是一次成功的作文。

第三个层次是：老师和学生共同找到一个可以进一步探讨的故事，可以根据各人的理解，向纵深两个方面去深挖；然后，每个人都可以发现一些道理，可以领悟一点人生的意味，由此而化为文章。写这样的文章也许当时并不能写得很精彩、很透彻，但可以埋下一粒"种子"，甚至可以成为心中的一个"情结"，以后一直到成年、中年、老年，始终都能不断地沿着这个思路思考下去，成为一个永恒的话题——朱煜老师的这次作文练习，我以为是属于第三层次的。

他从屠格涅夫的《麻雀》讲到丰子恺的漫画《已死的母熊》，"母爱"主题就已经突出在孩子们的面前了。老师完全可以因势利导，布置一篇写小朋友自己母亲的文章，这样仅达到"能写"和"要写"的层次。朱煜老师进一步引导学生讨论的是"母熊的死"对我们"人"的启示，那就深入到"人与自然""人与动物""人与整个环境"的和睦相处的更深刻的问题，到了"唤醒人性"的更高的层次上来了。印度圣雄甘地说过："从对待动物的态度，可以判断这个民族是否伟大，道德是否高尚。"在今日之中国，能向我们的儿童议论这个伟大的主题，是必要的也是适时的，而孩子的心灵又是最贴近自然，贴近动物，最容易萌发人道主义精神和博爱情感的。因而，这是一种启发，是一种萌动。

把作文从"假大空套"中解放出来，只是第一步，还要从机械的文字训练和技法操练中解放出来，这样才能走进孩子的内心，让他们的心灵孕育真切的思想，同时也让他们用笔倾诉自己的一片纯情。

跋

前年某天，一个旧学生加了我的微信，并给我留言：

朱老师您好。昨天冒昧通过您的微信公众号添加您的微信，其实，只是想对您说声"谢谢"。这虽然有些老套，但是自从通过搜索发现了您的天涯博客后，便一直想找机会对您说一声。虽然20年过去，我已从1998年时的一名小学四年级学生成长为一个近30岁的妈妈。但对您当时的作文课始终记忆犹新，深感受益匪浅。无论后来从事记者还是文案等工作，我从没有对书面写作与口头表达感到恐惧，甚至将之视作一种本能。这都得益于老师当年的作文训练、课堂朗诵作文等课程。当时年龄尚小还不会表达感谢，喜见老师扎根基础语文教育事业这么多年，影响力日益扩大，深感敬佩。

读了留言，我很意外，也很高兴。意外的是，没有想到自己的那些作文课会给一个孩子留下那么深的印象。高兴的是，自己很幸运，走上小学教师岗位不久，就师从著名特级教师贾志敏老师，研习作文教学。我的语文教学生涯是从作文教学开始的。1998年，我还是一名青年教师，那时我的教学内容和教学方式，都是从贾老师以及其他前辈处学来的。学生长大成人后觉得那些课对他们有用，说明前辈的教法禁得起时间的考验，说明我走的教学之路是正确的。

那时，我把每节作文课分成四个部分：第一是讲解，讲解每一堂课需要学生完成的作业的要求；第二是指导，指导学生通过说句式、演情节来熟悉要写什么；第三是学生写作；第四是讲评。

另外，我还给自己定了几条要求：

首先，教学氛围必须轻松。我在讲解中时常穿插一些有趣的小故事，教学语言尽量风趣，肢体语言和面部表情尽量丰富生动。

其次，让学生尽可能多地参与到教学活动中来。在每个单元的教学中，我都安排好几次材料作文的教学。每次教材料作文都邀请学生上台表演主要情节。同一个情节邀请不同的学生表演几次。每一堂课我都留出足够的时间让上台的学生交流习作，我及时讲评指点。在每堂课上，我总要创造机会保证起码有三分之二的学生能站起来发言、表演、交流，并且加以鼓励。这样，学生不仅提高了口头表达和书面表达能力，还能形成良好的作文心理机制。

再次，尽可能满足不同层次学生的需求。学生的作文基础有时差异很大，所以我尽量把教学环节设计得开放一点。一个句式训练，既要让基础差的孩子能学会规范的表达，又要让基础好的孩子有进一步发挥的空间。我把作文题设计得富有张力和弹性，让学生有选择的自由度，以保证每个孩子都有话可说。

那时上课，一支粉笔几页讲义，最多就是在黑板上挂一张教学挂图。我在教学中将所有精力放在关注学生和师生互动上。（课件自有其作用，我并无厚此薄彼之意。）经过一次次的教学实践，我捕捉课堂反馈信息的能力得到提高，并逐步形成服务学生的意识。而且我慢慢明白，将教作文技法定为作文教学的目标，终究流于肤浅。拓展学生视野，开阔学生心胸，激发学生情志，使其将作文视为抒发自我的途径，说自己想说的话，慢慢学会独立思考，勇敢表达，才是作文教学的大道。

我生性散漫，以致这本小书的写作延宕数年。2019 年年初，贾老师过世，我这本研习作文教学的作业集永远失去了请他审阅批评的机会。

最后，感谢读者诸君拨冗阅读，有以教我。

朱煜

2020 年 5 月 1 日

图书在版编目（CIP）数据

让课堂说话.2，朱煜作文教学策略与实践 / 朱煜著 .—上海：华东师范大学出版社，2021

ISBN 978-7-5760-1422-8

Ⅰ.①让 ... Ⅱ.①朱 ... Ⅲ.①作文课—课堂教学—教学研究—小学

Ⅳ.① G623.202

中国版本图书馆 CIP 数据核字（2021）第 043238 号

大夏书系·语文之道

让课堂说话 2
——朱煜作文教学策略与实践

著　　者　　朱　煜
策划编辑　　朱永通
责任编辑　　万丽丽
责任校对　　杨　坤
封面设计　　奇文云海·设计顾问

出版发行　　华东师范大学出版社
社　　址　　上海市中山北路 3663 号　邮编　200062
网　　址　　www.ecnupress.com.cn
电　　话　　021-60821666　行政传真　021-62572105
客服电话　　021-62865537
邮购电话　　021-62869887　地址　上海市中山北路 3663 号华东师范大学校内先锋路口
网　　店　　http://hdsdcbs.tmall.com/

印　刷　者　　北京密兴印刷有限公司
开　　本　　700×1000　16 开
插　　页　　1
印　　张　　13
字　　数　　193 千字
版　　次　　2021 年 4 月第一版
印　　次　　2021 年 11 月第二次
印　　数　　6 101-9 100
书　　号　　ISBN 978-7-5760-1422-8
定　　价　　45.00 元

出　版　人　　王　焰

（如发现本版图书有印订质量问题，请寄回本社市场部调换或电话 021-62865537 联系）